지식이 풍성해지는

가로세로 낱말퍼즐 8×8

지식이 풍성해지는

가로
세로
8x8

낱말퍼즐

짱아찌 지음

제이케이

NOTICE 문제를 풀기 전에 꼭 읽어보세요!

1. 차근차근 풀어보세요!

처음부터 너무 어렵게 느껴질 수도 있어요.

쉬운 문제부터 하나씩 차근차근 풀어보면 어느새 실력이 쑥쑥 자랍니다.

2. 모르는 낱말은 괜찮아요.

처음 보는 단어가 있어도 걱정 마세요!

문제를 풀다 보면 자연스럽게 어휘력이 늘어요.

3. 연필로 풀면 더 좋아요.

혹시 틀려도 지우고 다시 풀 수 있도록 연필 사용을 추천해요.

4. 정답보다 중요한 건 생각하는 힘!

꼭 맞히는 것보다, 단어를 떠올리고 생각하는 과정이 더 중요해요.

5. 시간은 걱정하지 마세요.

정해진 시간에 쫓기지 말고, 여유 있게 문제를 즐겨보세요.

6. 틀려도 괜찮아요!

틀리는 것도 배움의 일부예요. 다음에 맞히면 되니까 용기 내서 도전해봐요.

7. 매일 조금씩 푸는 습관을 들여보세요.

하루에 몇 문제씩 꾸준히 풀면 어휘력과 사고력이 눈에 띄게 향상돼요.

8. 끝까지 포기하지 마세요!

어려운 문제가 나와도 끝까지 도전해보세요.

스스로 해냈다는 뿌듯함이 기다리고 있어요!

Q 01

[가 로]

① 배선을 변경할 수 있는 전기 회로가 편성되어 있는 판.

③ 어떤 일을 감당하거나 해결할 만한 능력이 없는 사람.

⑥ 일이 진행되는 속도나 정도.

⑦ 이슬람력의 아홉 번째 달로 ○○○ 기간에는 해가 뜰 때부터 해가 질 때까지 금식해야 하며, 음주, 흡연, 성행위 따위를 금한다.

⑩ 진짜와 똑같아 보이게 만든 가짜 지폐.

⑪ 값을 받고 부동산이나 물건의 소유권을 다른 사람에게 넘김.

⑬ 마르코 폴로가 동방을 여행한 체험담을 기록한 여행기. 1271년부터 1295년까지 여행을 하였고 루스티첼로 다 피사가 받아 적어 펴냈다. 유럽 사람들의 동양에 대한 관심을 불러일으켰다.

⑭ 곡식을 축내는 새, 짐승 따위를 막기 위해 막대기와 짚 따위로 만들어 논밭에 세우는 사람 모양의 물건.

⑯ 조선 세종 27년(1445)에 정인지, 안지, 권제 등이 지어 세종 29년(1447)에 간행한 악장의 하나. 훈민정음으로 쓴 최초의 작품. 내용은 조선을 세우기까지의 사적을 중국 고사에 비유하여 그 공덕을 칭송

하고 있다. 각 사적의 기술에 앞서 우리말 노래를 먼저 싣고 그에 대한 한역 시를 뒤에 실었다.

[세 로]

② 그리스 신화에 나오는 인류 최초의 여성. 제우스는 프로메테우스가 천상의 불을 훔쳐 인간에게 준 데 노하여, 인간을 벌하기로 결심했다. 헤파이스토스를 시켜 흙으로 ○○○를 빚어 만들고 온갖 불행을 담은 상자를 주어 인간 세상에 주었다고 전해진다. 우리는 이 신화에 나오는 상자를 ○○○의 상자라고 부른다.

④ 능력이나 수준 따위가 비교 대상을 훨씬 넘어섬.

⑤ 기업 스스로 증권 거래소에 상장된 유가 증권의 자격을 없애는 일.

⑧ 상품 한 개를 만들어 내는데 드는 노동 비용.

⑨ 독차지하여 담당하는 일을 비유적으로 이르는 말.

⑫ 늦봄이나 초여름에 새로 나온 잎의 푸른빛.

⑮ 벼목과에 속하는 한해살이풀. 금품 ○○나 음식 대접이 엄격히 금지된다.

오늘

하루는 뭐 할까~?

난

오늘도 어떻게 보낼까~?

딩굴딩굴...

하~

정답 · 166쪽

9

[가 로]

① 헌법의 내용을 고쳐야 한다는 의견이나 주장.

③ 모든 일을 자기 생각대로 혼자서 처리하는 사람.

⑤ 임금에게 글을 올리는 일. 혹은 그 글을 이르던 말.

⑥ 어떤 것을 만드는 데 바탕이 되는 재료.

⑦ 특정 방면의 정보에 아주 정통한 사람.

⑧ 현재 우리나라에는 없는 제도로, 법원이 어떤 범죄자에 대하여 뉘우
치는 마음이 있다고 인정할 때 일정 기간 판결을 미루어 두고 판결을
내리지 않는 일.

⑩ 검사가 특정한 형사 사건에 대하여 법원에 심판을 요구하는 일.

⑪ 국가가 관세나 수입 할당제 등의 방법으로 대외 무역에 간섭하여 외
국과의 경쟁에서 자국의 생산품을 보호하고자 하는 무역 정책.

⑬ 고려시대 개경의 보정문 안에 있던 다리. 태조 25년에 화친을 하고
자 거란이 보낸 낙타를 ○○○에 묶어 굶겨 죽인 사건이 있었다. 훗
날 양국 간의 전쟁 원인 중의 하나가 되었다.

⑮ 꾀나 모략을 쓰지 아니하고 정정당당하게 하는 공격.

⑯ 논문이나 저술 따위에서 하나의 주제 가운데 구체적인 낱낱의 문제를 떼어 자세히 논하는 것. 또는 그런 낱낱의 학문 분야.

[세 로]

② 헌법에 관한 분쟁, 법률의 위헌 여부. 탄핵, 정당의 해산 등에 관한 것을 심판하는 특별 재판소.

④ 군사적인 목적으로 출입을 제한하거나 제약하는 구역.

⑨ 금융 기관이 영업 정지가 되거나 파산하여 예금을 상환할 수 없게 되었을 때, 예금자의 손해를 보충하기 위해 적립해 두는 보험.

⑩ 일이 뜻대로 잘 되어, 우쭐하여 뽐내는 기세가 대단함.

⑫ 신의 존재를 부정하고 신앙을 거부하는 이론.

⑭ 틀어지거나 잘못된 것을 바로잡아서 고침.

아침에

눈을 뜨면

생각나는

한 가지...

.

.

뭐 할까~?

	①	②			③			④
				⑤				
	⑥					⑦		
		⑧			⑨			
	⑩							
					⑪		⑫	
	⑬		⑭					
			⑮			⑯		

정답 · 166쪽

Q 03

[가 로]

③ 중앙 행정 기관의 하나로 기획재정부 소속. 관세의 부과, 감면 및 징수, 수출입 물품의 통관 및 밀수출과 밀수입의 단속에 관한 사무를 맡는다.

⑤ 구한말에 정치와 군사에 관한 사무를 총괄하여 맡아보던 관아. 1880년에 설치하였는데, 1882년에 통리내무아문과 통리아문으로 나누었다.

⑧ 범죄인을 교도소나 기타 시설에 수용하지 않고 자유로이 사회생활을 하게 하면서 일정한 감독과 지도를 받게 하는 처분.

⑩ ○○○(1843~1897)은 자는 경유(景猷), 호는 오원(吾園)이다. 조선 후기를 대표하는 화가로 안견, 김홍도와 더불어 조선 화단의 3대 거장으로 꼽힌다. 작품에 〈홍백매십정병〉, 〈군마도〉, 〈어옹도〉 따위가 있다.

⑫ 물건이나 금전 따위가 쓰이는 방식. 또는 쓰이는 곳.

⑬ 싸움에서 진 장수.

⑭ 오랜 기간에 걸쳐 징역을 살고 있는 사람.

⑮ 구름 속의 수분에 의하여 전자기파가 흡수되는 일.

⑯ 콜로세움, 판테온 등 시대를 아우르는 건축물이 남아있는 이탈리아
의 도시.

[세 로]

① 필기구, 지우개 따위를 넣어서 가지고 다니는 작은 상자 모양의 물건.

② 여러 곳을 두루 다니면서 백성들의 마음을 위로하고 달램.

③ 국경이나 요새의 성문.

④ 어떤 시설이나 기관의 요청에 따라 수익자가 비용을 부담하는
조건으로 경비 업무를 담당하는 경찰.

⑥ 한 나라 산업의 기초가 되는 산업. 주로 중요 생산재를 생산하는
산업을 이른다.

⑦ 윗자리에서 중심이 되어 집단이나 단체를 지배, 통솔하는 사람.

⑧ 물건을 보자기에 싸서 가지고 돌아다니며 파는 사람.

⑨ 수원에서 경작지까지 농사에 필요한 물을 보내기 위한 수로.

⑪ 싸움에 이긴 형세를 타고 계속 몰아침.

내 심장은 뭐에

반응하는 거지~?

아마

.

.

너일 거야...

①			②		③		④
⑤		⑥					
⑦				⑧		⑨	
⑩	⑪						
						⑫	
⑬				⑭			
	⑮					⑯	

정답 · 166쪽

Q04

[가 로]

① 성인들로만 구성된 반.

③ 아내가 남편 없이 홀로 지내는 것.

⑤ 고려 말기의 문신(1329~1398). 호는 삼우당(三憂堂)으로 중국 원나라에 사신으로 들어가 덕흥군(德興君)을 왕으로 내세우는 일에 가담하였으나 실패했다. 돌아올 때 목화씨를 붓대 속에 넣어 가지고 와 우리나라에 처음으로 목화를 번식시켰다.

⑦ '병(病)'을 높여 이르는 말.

⑨ 작은 창자의 끝에서부터 항문에 이르는 소화 기관.

⑩ 투자 과정을 효율적으로 관리하고 운영하는 일.

⑪ 정보 목적을 위하여 탈취, 감시, 경계, 획득하도록 선정된 목표.

⑫ 날짐승에게 주는 먹이.

⑮ 장작이나 나뭇가지, 검불 등을 쌓아 피우는 불 .

⑰ 배관 일을 하는 기술자.

⑱ 생물체에서 어버이의 계통에 없던 새로운 형질이 나타나 유전하는 현상. 유전자나 염색체의 구조에 변화가 생겨서 일어난다.

[세 로]

① 중년 이후에 문제되는 병을 통틀어 이르는 말. 동맥 경화증, 고혈압, 당뇨병, 백내장 등이 있다.

② 물음에 대답하지 아니하고 되받아 물음.

③ 혼자서 모두 차지하거나 지배하는 것.

④ 가축을 놓아 기르는 일정한 곳.

⑥ 투표용지에 투표하는 사람의 이름을 밝히지 않는 비밀 투표.

⑧ 사람이나 동식물 따위의 생존이나 생활에 영향을 미치는 자연이 오염되거나 파괴가 되지 않도록 잘 지키고 보호하는 일.

⑨ 정상적 방법으로 아이를 가질 수 없는 부부의 의뢰를 받아서 아기를 대신 낳아 주는 여자.

⑬ 오랑캐를 오랑캐로 무찌른다는 뜻. 한 세력을 이용하여 다른 세력을 견제함을 이르는 말.

⑭ 방이나 집의 벽에 깨끗한 종이를 발라 단장함.

⑮ 피부 표면에 있는 아주 작은 구멍.

⑯ 화로의 불이 쉬 사위지 아니하도록 눌러놓는 조그만 돌.

숲길을 걸으면

늘 난

그곳에 있었다.

.

.

.

너의 곁에...

04
낱말 퍼즐을 채워 보세요

①		②		③				④
		⑤		⑥				
⑦		⑧						⑨	
			⑩					
⑪						⑫		⑬
⑭		⑮		⑯			
⑰				⑱			

정답 · 166쪽

Q 05

[가 로]

② 주식회사에서 떨어져 나와 외부에서 해당 주식회사에 관한 회계 검사와 감독을 하는 회계 법인.

⑤ 화학을 전문으로 연구하는 사람.

⑥ 새로 출범한 정당.

⑦ 어떤 곳의 지형이나 길 따위의 형편.

⑧ 무기를 넣어서 보관하는 창고.

⑩ 죽은 사람이 살아 있었을 때 써서 남긴 원고를 엮어 만든 책.

⑫ 고려, 조선시대에 전쟁이 났을 때 군무를 총괄하던 임시 무관 벼슬.

⑭ 제품이나 서비스의 한 단위를 만드는 데 든 모든 비용을 계산하는 일.

[세 로]

① 공화 정치를 하는 국가. 주권이 국민에게 있는 나라를 이른다.

② 만난 자는 반드시 헤어짐. 모든 것이 무상함을 나타내는 말.

③ 컴퓨터를 이용하여 교통량이나 신호대기 차량을 감지하여 녹색과 적색의 신호를 자동으로 조절하는 신호기.

④ 특정한 일에 직접 관계나 관련이 있는 당국.

⑦ 민사 및 형사 소송을 처리하는 제일심(第一審)의 법원.

⑧ 귀신을 섬기고 길흉을 점치며 굿을 하는 것을 직업으로 하는 사람.

⑨ 상속이나 양도 따위에 의하여 취득한 재산과 구별되는 본래 가지고 있던 재산.

⑪ 같은 '성'을 가진 사람이 모여 사는 촌락.

⑫ 그림이나 사진을 실물 대신 볼 수 있도록 모아서 엮은 책.

⑬ 물이 흘러나오는 근원. 그 지역은 ○○이 풍부하다.

누구야~?

.

.

.

너 또...

①		②		③			④
⑤							
				⑥			
	⑦						
			⑧		⑨		
					⑩		⑪
⑫		⑬					
		⑭					

정답 • 167쪽

[가 로]

① 사람이 누워 잘 수 있도록 만든 가구. ○○ 위에 이불.

④ 몸짓이나 눈짓 따위로 어떤 의사를 전달하는 일. 또는 그런 동작. 포수가 투수에게 ○○을 보냈다.

⑤ 소비자의 기본 권익을 보호하고 기본 사항을 규정함으로써 소비 생활의 향상과 합리화를 목적으로 하는 법률.

⑥ 감독하고 검사함.

⑦ 오래되어 낡은 책.

⑧ 임금이 세상을 떠남.

⑨ 바늘처럼 뾰족하게 돋친 것.

⑩ 인색한 사람을 속되게 이르는 말.

⑪ 남편과 아내를 아울러 이르는 말.

⑫ 죽음에 이르러 말을 남김. 또는 그때 남긴 말.

⑬ 몸치장하는 데 쓰는 물건.

⑮ 어떤 사건이나 사실이 일어난 시간 선상의 위치를 표시하는 문법 범주. 과거, 현재, 미래가 있으며, 발화시를 기준으로 하는 것과 사건

시를 기준으로 하는 것이 있다.

⑯ 랩음악을 전문적으로 하는 사람.

⑰ 소나 물소 따위의 뿔처럼 가지가 없고 속이 빈 뿔.

⑱ 도둑에게 돈이나 귀중품을 잃음.

[세 로]

② 크고 작은 일을 통틀어 이르는 말.

③ 한자 네 자로 이루어진 성어로 교훈이나 유래를 담았다.

④ '사법 시험'을 달리 이르는 말.

⑧ 삼강오륜 중 오륜의 하나. 벗과 벗 사이의 도리는 믿음에 있음을 이른다.

⑨ 가장이 가족에 대한 지배권을 행사하는 가족 형태.

⑩ 쓴 것이 다하면 단 것이 온다는 뜻. 고생 끝에 즐거움이 옴을 이르는 말.

⑭ 일할 사람을 구하기 어려움. 또는 그런 상태.

⑮ 사물이나 현상을 바라보거나 파악하는 각도나 입장.

아침이다.

우~와

기지개 켜고

또

시작하자...^^

06 낱말 퍼즐을 채워 보세요

①	②		③			④	
	⑤						
⑥						⑦	
		⑧			⑨		
⑩				⑪			
		⑫			⑬		⑭
				⑮			
⑯			⑰			⑱	

정답 · 167쪽

Q 07

[가 로]

② 공경하고 사랑하는 마음.

④ 집으로 돌아가거나 돌아옴.

⑥ 점, 선, 면, 체 또는 그것들의 집합을 통틀어 이르는 말.

⑧ 눈 위에 서리가 덮인다는 뜻. 난처한 일이나 불행한 일이 잇따라 일 어남을 이르는 말.

⑩ 자기의 생활이나 체험을 직접 쓴 글.

⑪ 발해의 시조. 시호는 고왕(高王). 고구려의 유민으로 말갈족과 규합 하여 진(震)을 세워 왕이 되었다. 713년 고구려의 옛 영토를 회복하 고 국호를 발해로 고쳤다.

⑬ 적의 공중 공격으로 인한 피해를 막기 위하여 실제 상황을 가정하여 행하는 훈련.

⑭ 물건을 사거나 쓰는 사람.

⑯ 식물의 씨앗이나 열매에서 짜낸 고체 상태의 기름.

⑱ 금품이나 그 밖의 수단으로 타인의 마음을 사서 자기편으로 만드 는 일.

[세 로]

① 바다에 이는 물결.

③ 대한민국의 국가. 민간에 퍼져 있던 가사에 1936년에 안익태가 곡을 붙였다. 1948년 대한민국 정부 수립과 더불어 국가가 되었다.

⑤ 수증기를 내뿜어 실내의 습도를 조절하는 전기 기구.

⑦ 어려운 환경에서도 부지런히 꾸준하게 공부하는 자세를 이르는 말.

⑨ 서로 겨룸. 또는 그런 대상. 만만한 ○○가 아니다.

⑩ 스포츠나 놀이로서 물 속을 헤엄치는 일.

⑫ 조개의 껍데기.

⑬ 미지수가 포함된 '식'에서 그 미지수에 특정한 값을 주었을 때 성립하는 등식. 그 미지수의 특정한 값을 ○○○의 근이라고 하는데, 이 근을 구하는 것을 ○○○을 푼다고 말한다.

⑭ '소방 공무원'을 일상적으로 이르는 말.

⑮ 언니와 여동생 사이를 이르는 말.

⑰ 물질이 가지고 있는 성질.

⑲ 상온에서 유일하게 액체 상태로 있는 은백색의 금속 원소. 끓는점은 356.6도씨, 어는 점은 영하 38.87도씨, 원자 기호는 Hg다.

오늘 하루 어땠어~?

난

너 때문에 행복했어...

내일도

부탁해^^*

07 낱말 퍼즐을 채워 보세요

①		②	③			④	⑤
⑥	⑦						
	⑧		⑨		⑩		
				⑪	⑫		
⑬							
			⑭		⑮		
⑯	⑰				⑱	⑲	

정답 · 167쪽

[가 로]

① 고시를 보기 위하여 공부하는 학생.

② 사실보다 과장하여 받아들이고 터무니없는 헛된 생각을 하는 증상.

④ 자기나 집안에 해를 입혀서 원한이 맺히게 된 사람이나 집단.

⑥ 물을 퍼 올리는 기계.

⑧ 물건을 싸거나 꾸리는 데 쓰는 종이.

⑩ 매우 오랜 세월.

⑪ 강가나 바닷가의 흰모래가 넓게 깔린 곳.

⑬ 음의 장단이나 강약 따위가 반복될 때, 그 규칙적인 음의 흐름.

⑭ 사물의 정당한 조리. 또는 도리에 맞는 취지.

⑮ 밀가루를 반죽하여 가느다란 대롱처럼 속이 비게 만들어 말린 이탈
리아식 국수.

⑯ 아는 사람. ○○의 소개로 만나게 되었다.

[세 로]

① 사법 시험이나 공무원 임용 시험 따위를 준비하는 사람들이 숙식하며 공부하는 곳.

② 전체 수의 절반을 넘은 수.

③ 일반적으로 상상할 수 있는 한계나 표준을 뛰어넘음.

⑤ 물이 다른 물이나 물체에 부딪쳐서 생기는 거품.

⑥ 햇볕이 잘 드는 따뜻한 곳.

⑦ 도형 및 공간의 성질에 관하여 연구하는 학문.

⑨ 장례에 필요한 여러 가지 일을 도와주는 것을 업으로 하는 사람.

⑪ 지성미의 반대. 표정이 멍한 사람이 풍기는 아름다움.

⑫ 장이 서는 곳.

⑬ 엔씨소프트가 제작해 1998년부터 서비스하기 시작한 게임. 〈○○○〉는 국내 최초 성인을 대상으로 만들어진 MMORPG이면서 향후 국내에서 출시되는 MMORPG의 기준이 된다.

참 ^^

재미있는 사람이야.

어떻게

늘 그러지...?

①				②			③
④	⑤		⑥		⑦		
	⑧	⑨			⑩		
	⑪		⑫			⑬	
⑭			⑮				
						⑯	

정답 · 167쪽

[가 로]

① 모래 위에 세운 누각이라는 뜻. 기초가 튼튼하지 못해 오래가지 못할 일이나 사물을 비유적으로 이르는 말.

④ 자신이 한 일에 대해 생색내며 스스로 자랑함.

⑥ 먹으면 선악을 알게 된다는 ○○○나무의 열매. 아담과 하와가 뱀의 유혹에 빠져 하나님의 계율을 어기고 따 먹음으로써 원죄를 범했다고 전해진다.

⑧ 말이나 글의 뜻.

⑨ 경제적으로 어렵거나 학업이나 연구 성과가 뛰어난 사람에게 배움을 장려하고자 하는 목적으로 지급되는 돈.

⑩ 일정한 간격을 두고 되풀이하여 진행하거나 나타나는 것.

⑪ 줏대 없이 남의 의견에 따라 움직임.

⑮ 점유자의 의사에 의하지 아니하고 점유 상태에서 벗어난 물건. 유실물이 대표적인 예이다.

⑰ 세상 사람들의 마음과 세상 물정.

[세 로]

② 윗사람이 앉는 자리.

③ 다리 윤곽을 나타내는 선에서 느껴지는 아름다움.

④ 공로와 허물을 아울러 이르는 말.

⑤ 성리학에서 교리를 어지럽히고 사상에 어긋나는 언행을 일삼는 사람을 이르는 말.

⑦ 경(經), 율(律), 논(論)의 삼장(三藏)에 통달한 승려.

⑧ 조선시대, 임금의 명에 의해 중죄인을 다스리는 일을 맡아보던 관청.

⑩ 어떤 일에 주장이 되어 움직임.

⑫ 무슨 일을 하는 데 가장 중요한 부분을 완성함을 비유적으로 이르는 말. 용을 그리고 난 후에 마지막으로 눈동자를 그려 넣었더니 용 그림이 실제로 용이 되어 홀연히 구름을 타고 하늘로 날아 올라갔다는 고사에서 유래했다.

⑬ 정상적이 아닌 다른 물질.

⑭ 태아를 인공적으로 자궁에서 없애 버림. 또는 그 태아.

⑯ 자연계의 원리나 현상을 연구하는 학문. 물리학, 화학, 생리학, 지질학, 천문학 따위가 있다.

욕심내지 마라.

.

.

그러다

다친다.

	②		③		④		⑤
①							
			⑥				
⑦		⑧					
⑨					⑩		
		⑪	⑫				
							⑬
	⑭		⑮		⑯		
⑰							

정답 · 168쪽

[가 로]

① 같은 무리끼리 서로 사귐.

② '부추'의 방언. 주로 경남이나 충북지방에서 사용되는 방언이다.

④ 각각의 시각.

⑤ 같은 자리에서 자면서 다른 꿈을 꾼다는 뜻. 겉으로는 같이 행동하
   면서도 속으로는 각각 딴마음을 갖고 있음을 이르는 말.

⑦ '문화 센터'를 줄여 이르는 말. 엄마들 사이에서 주로 사용되는
   줄임말.

⑨ 청소할 때 쓰는 기계.

⑪ 바다 밑바닥에 구멍을 뚫을 수 있는 장비가 되어있어 석유나 광물 탐
   사에 쓰는 특수한 배.

⑬ 하얀 종이의 낱장.

⑭ 쪽을 진 머리가 풀어지지 않도록 꽂는 장신구.

[세 로]

① 몸속의 지방을 산화시켜 체중 조절에 효과가 있는 운동.

② 변의 길이와 내각의 크기가 모두 같은 사각형.

③ 아파트처럼 한 건물 안에 여러 공장이 들어갈 수 있으며 작업장과
판매 시설이 같이 들어갈 수 있는 유형의 공장.

④ 남편의 누나나 여동생.

⑥ 일정한 문제에 관한 질문에 답하고 의논할 수 있도록 마련한
사회 시설.

⑧ 한번 삼킨 먹이를 다시 게워 내어 씹거나 또는 그런 일. 소나 염소
따위와 같이 소화가 힘든 섬유소가 많이 들어 있는 식물을 먹는 포유
류들이 하는 행동이다.

⑩ 씩씩하고 굳센 기상과 진취적인 정신.

⑪ 여러 가지 상품을 사고파는 일정한 장소.

⑫ 학문을 닦는 사람을 예스럽게 이르는 말.

난

너에게

든든한 빽이 되고 싶다.

					②		③
①							
		④					
⑤	⑥				⑦		
				⑧			
⑨		⑩		⑪		⑫	
		⑬				⑭	

정답 · 168쪽

[가 로]

② 무력을 담당하는 관리나 장교. ○○정권 시대.

③ 무엇을 맞히려고 던지는 돌멩이.

⑤ 1876년의 강화도 조약 이후부터 우리나라가 서양문물의 영향을 받아들이기 시작하여 기존의 봉건적인 사회 질서를 타파하고 근대사회로 바뀌어 가던 시기.

⑦ 천문 현상을 관측하고 연구하기 위하여 설치한 시설.

⑧ 연구나 조사 따위의 바탕이 되는 재료.

⑨ 관중 없이 치르는 경기.

⑪ 소방 시설을 갖추고서 연안이나 항만에서 불 끄는 일을 하는 선박.

⑫ 꽃이 활짝 다 핌.

⑬ 오직 하나밖에 없음.

⑭ 거듭하여 간곡하게 하는 부탁.

[세 로]

① 사람이나 사물을 소개하는 내용의 편지나 문서.

② 무기 화합물로 이루어진 비료. 황산 암모늄, 과인산 석회, 염화칼륨 등의 화학 비료와 초목을 태우고 남은 재 등이 이것에 해당한다.

④ 고려시대, 1236년부터 1251년에 걸쳐 완성한 대장경. 부처의 힘으로 외적을 물리치기 위하여 만들었는데, 경판의 수가 8만 1,258판에 이른다. 현재 합천 해인사에 보관하고 있다.

⑥ 땅속 깊은 밑바닥이란 뜻으로 죽은 뒤에 넋이 돌아가는 곳을 지칭하는 말.

⑧ 처음 만난 사람에게 자기의 이름, 경력, 직업 따위를 말하여 알림.

⑨ 전선을 쓰지 않고 전파를 이용하여 전신을 주고받는 통신 방식. 1895년 이탈리아의 마르코니(Marconi, G.)가 발명하였다.

⑩ 축하하거나 기릴 만한 일이 있을 때, 해마다 그 일이 있었던 날을 기억하는 날.

⑫ 물고기 따위를 많이 잡아 가득히 실음. 또는 그런 배.

⑬ 두부를 얇게 썰어 기름에 튀긴 음식.

항상

그 자리에

있어줘서

고마워^^*

①		②			③	④	
⑤				⑥			
				⑦			
	⑧						
			⑨				⑩
	⑪						
⑫						⑬	
			⑭				

정답 · 168쪽

Q 12

[가 로]

① 어떤 시설이나 자금 따위를 만들어서 이룸.

② 동물에게 갖가지 재주를 훈련시키는 사람.

⑤ 나라의 정치. ○○ 쇄신이 필요한 시기.

⑥ 각 시도 교육 위원회의 사무를 총괄 처리하는 직위.

⑦ 자기 나라의 말. 주로 외국에 나가 있는 사람이 고국의 말을 이를 때 쓴다.

⑧ 일의 까닭을 적은 문서.

⑩ 행실이 점잖고 어질며 덕과 학식이 높은 사람. ○○의 덕을 가지고 있는 사람.

⑪ 임금의 앞.

⑫ 불이 났을 때 불을 끄는 데 쓰기 위해 마련해 두는 물.

⑬ 충분히 잘 이용함. 컴퓨터 ○○능력 시험.

⑭ 불을 붙게 하는 노끈으로 화약에 불을 붙여 발사하는 구식 소총.

⑯ 일을 하는 곳.

⑱ 조선 시대에 궁중에서 청소 따위의 잔심부름을 담당하던 계집종.

[세 로]

① 중국 송나라 저공의 고사에서 유래한 사자성어. 간사한 꾀로 남을 속여 희롱함을 이르는 말로 사용된다. 원숭이들에게 먹이를 아침에 세 개, 저녁에 네 개씩 주겠다는 말에 적다고 화를 내니 아침에 네 개, 저녁에 세 개씩 주겠다는 말에는 좋아하였다는 고사성어.

② 어떤 기준이나 실정에 맞게 정돈함. 근무 일정을 ○○하여 공지하였습니다.

③ 사교 활동에 관련된 사람들의 활동 분야. 주로 상류 계층의 사람들로 이루어진다.

④ 상감 기법을 이용하여 무늬를 넣은 청자.

⑤ 국어를 모아 일정한 순서로 배열하여 의미, 주석, 어원, 품사, 다른 말과의 관계 등을 밝히고 풀이해 놓은 책.

⑨ '남편'의 높임말.

⑩ 국가 방위에 쓰는 군수품을 생산하는 모든 산업.

⑪ 왕의 초상화를 그리는 화가. 비슷한 말로 '어진화사'가 있다.

⑮ 어떤 기관이나 단체의 전체적이며 일반적인 사무. 또는 그 일을 맡

아보는 사람.

⑯ 헤어져 이별함.

⑰ 사내가 아내를 맞이하는 일.

①			②		③		④
		⑤			⑥		
⑦							
		⑧		⑨		⑩	
	⑪			⑫			
⑬							
	⑭		⑮		⑯		⑰
			⑱				

정답 · 168쪽

53

Q 13

[가 로]

① 실수하여 불을 냄. 또는 그렇게 발생한 불.

③ 미생물의 활동을 막아서 물건이 썩지 않게 하는 약.

⑤ 어떤 일을 하기에 아직 때가 이름.

⑥ 능력은 부족하면서도 남에게 지기 싫어하는 마음.

⑦ 일본의 전통 의상을 통틀어 부르는 말. 흔히 여성의 옷을 가리킨다.

⑧ 두 면이 맞닿아 생기는 가장자리. 책상의 ○○○에 부딪혔다.

⑨ 군사상의 공적.

⑩ 1964년에 설립된 미국의 스포츠용품 브랜드. 운동화, 운동복, 운동
용품 등을 제작해서 판매하고 있다. 마이클 조던과 후원 계약을 체
결하기도 하였으며, '저스트 두 잇(JUST DO IT)'이라는 마케팅 활동
을 펼치면서 세계적인 브랜드로 성장하게 되었다.

⑫ 움직이는 피사체를 재빠르게 찍는 사진.

[세 로]

① 사람이나 물건을 확대하거나 축소하지 않은 실제 있는 그대로의
크기.

② 역도나 근육 단련 훈련에 쓰는 강철로 된 기구. 쇠봉 양쪽에 원반형
의 쇳덩이가 매달려 있다.

③ 형법에서 남의 범죄 수행에 편의를 주는 모든 행위.

④ 도면이나 도안을 그리는 데 쓰는 기구. 제도판, 컴퍼스, 디바이더 따
위가 있다.

⑤ 1895년 4월, 청일 전쟁 뒤 청나라의 강화 전권 대사 이홍장과 일본
의 이토 히로부미가 시모노세키에서 체결한 강화 조약.

⑥ 짙은 안개 속에 있다는 뜻. 무슨 일에 대하여 나아갈 방향이나 갈피
를 잡을 수 없음을 이르는 말.

⑧ 아파트 따위를 지을 때 집을 사고자 하는 사람에게 미리 보이기 위해
서 실제 내부와 똑같게 지어 놓은 집.

⑩ ○○○는 1892년에 황해도 재령군에서 태어난 것으로 전해진다.
3·1 운동 후에 중국으로 망명하여 의열단에 가입하였다. 1926년 12

월 28일에 동양 척식 주식회사와 식산 은행에 폭탄을 던지고 자결하였다.

⑪ 눈에 띄는 활약. 급속하게 발전하거나 향상되는 것.

13
낱말 퍼즐을 채워 보세요

①			②			③			④
			⑤						
								⑥	
⑦					⑧				
								⑨	
⑩										
								⑪	
				⑫						

정답 · 169쪽

57

Q14

[가 로]

① 농구, 핸드볼 등에서 상대편이 반칙했을 때 일정한 지점에서 아무런 방해 없이 공을 던지는 일.

③ 건축에 대한 전문적인 지식이나 기술을 가진 사람으로 건축 계획, 건축 설계, 구조 계획, 공사 감리 따위의 일을 한다.

⑤ 남이 알아보지 못하도록 헝겊 따위로 얼굴을 싸서 가림. 또는 가리는 데 쓰는 물건.

⑥ 어떤 조직에 새로 온 사람이 원래 있던 사람들에게 자신을 알리고 보고하는 의식 또는 절차.

⑦ 높은 산. 백두산, 금강산, 지리산 등이 이에 해당된다.

⑧ 몸이나 마음 따위를 어떤 것에 의지하여 맡김.

⑨ 대학교수 직위의 하나. 정교수의 아래, 조교수의 위.

⑩ 일반적인 사람들이 보통 알고 있거나 알아야 하는 지식.

⑪ 진리나 종교적인 깨달음의 경지를 구하고자 하는 마음.

⑬ 통증이 있는 부위를 손가락이나 신체 일부로 누르거나 주물러서 신경을 자극하여 피의 순환을 순조롭게 하는 민간요법.

⑮ 물품이나 돈 따위로 도와줌.

⑰ 미리 그 방법이나 차례 따위를 치밀하게 정하고서 저지른 범죄.

[세 로]

① 거만한 태도. 자기 자신을 지나치게 믿고 자랑하며 뽐내는 마음.
② 증권 회사가 일반 투자가로부터 자금을 모아서 증권 투자 따위를 하여 그 이익금을 투자가들에게 분배하는 제도.
③ 말린 국수.
④ 덧셈과 뺄셈을 아울러 이르는 말.
⑤ 모든 거래를 대변과 차변으로 나누어 써넣은 다음, 각 구좌마다 집계하여 기록, 계산하는 방식의 부기.
⑦ 홍수 시 강물이 넘칠 가능성이 있는 지역. 하천보다 낮은 땅이 아닌 상대적으로 높은 곳의 부지.
⑧ 어떤 개인이나 집단이 가진 의식의 됨됨이. 또는 그 짜임새.
⑫ 터널이나 광산 등에서 갱도의 깊이를 측정하는 기구.
⑭ 강한 힘으로 내리누름.
⑮ 사물의 근본이 되는 이치.
⑯ 유도나 검도 등의 무술을 가르치는 사람. 태권도 ○○.

사랑한다.

난 언제나

네 곁에 있어^^*

정답 · 169쪽

[가 로]

① 환율의 변동으로 인하여 발생하는 손해.

③ 속이 빈 대나무에 구멍을 뚫고 불어서 소리를 내는 악기를 통칭하는 말.

④ 운이 매우 좋음. 혹은 일이 매우 상서로움.

⑥ 여러 방면에 재주가 많고 능숙한 사람을 비유적으로 이르는 말.

⑧ 사람의 귀로 들을 수 있는 소리. 대략 주파수가 20~20,000 헤르츠이고, 음의 크기가 0~120폰(phon) 사이의 소리다.

⑨ 속기를 직업으로 하는 사람.

⑪ 총으로 짐승을 잡는 사냥꾼.

⑫ 청력이 약해 잘 들리지 않는 것을 보강하는 기구.

⑭ 사람이 아무도 살지 않는 섬.

⑮ 신선한 과일과 채소를 통틀어 이르는 말.

⑰ 불충분하거나 허술한 점이 매우 많은 상태. 또는 그런 상태의 사람.

[세 로]

① 단 한 군데로만 난 길.

② 소리를 크게 지르거나 속삭여 말할 때 나발 모양처럼 만들어 입에 대는 손.

③ 하찮은 존재를 비유적으로 이르는 말.

④ 음식을 보통 사람보다 훨씬 많이 먹는 사람.

⑤ 소리의 속도보다 빠른 속도로 비행하는 항공기.

⑦ 〈심청전〉에 나오는 깊은 물. 사람을 제물로 바쳐야만 배가 무사히 지나갈 수 있다는 곳. 심청이 공양미 삼백 석을 구하고자 자기를 제물로 팔아 ○○○에 빠졌다.

⑩ 일본 봉건시대의 무사.

⑪ 조선시대 때 범죄자를 잡거나 다스리는 일을 맡아보던 관아.

⑬ 많은 여자 사이에 끼어 있는 한 사람의 남자를 비유적으로 이르는 말.

⑯ 말이 적고 침착한 상태를 나타내는 말.

힘들어~?

그럼 먹지 마...

이제

나도 지치네...

	①			②		③	
④							
		⑤		⑥			⑦
⑧							
		⑨		⑩		⑪	
⑫	⑬			⑭			
						⑮	⑯
⑰							

정답 · 169쪽

65

[가 로]

① 그물과 같이 성글게 짜서 만든 직물. ○○조끼.

③ 도둑이 도리어 매를 든다는 뜻. 잘못한 사람이 도리어 아무 잘못도 없는 사람을 나무라는 것을 이르는 말.

⑥ 물 위에 떠 있는 풀이라는 뜻으로 정처 없이 떠돌아다니는 신세를 비유해서 이르는 말.

⑦ 조선시대 백성들이 억울한 일을 임금에게 직접 호소하고자 할 때 치도록 대궐의 문루에 달아 두었던 북.

⑨ 몸이 납작하고 두 눈은 오른쪽에 몰려 붙어 있으며, 넙치보다 몸이 작은 물고기. ○○○눈을 하고 있었다.

⑪ 동호회나 인터넷 카페 등의 가상 공간에서 실명 대신 사용하는 이름.

⑬ 사물이나 서비스를 이용하고 소비한 대가로 내는 예상하지 못한 큰 돈을 비유적으로 이르는 말.

⑮ 옥수수를 얇게 눌러 구운 시리얼. 아침 대용으로 우유에 타서 먹거나 유아식으로 많이 먹는다.

[세 로]

② 아무에게도 도움을 받지 못하는 외롭고 곤궁한 지경에 빠진 상태를 이르는 말. 초나라 항우가 사면을 둘러싼 한나라 군사 쪽에서 들려오는 초나라의 노랫소리를 듣고 초나라 군사가 이미 항복한 줄 알고 놀랐다는 데서 유래했다.

④ 자신의 언행 중에 잘못이나 부족함을 돌이켜 보며 쓴 글.

⑤ 부부 사이의 문제를 진단하고 치료하는 곳.

⑦ 1871년 미국 군함이 조선의 강화도 해협에 침입한 사건. 대동강에서 불탄 제너럴셔먼호 사건에 대한 문책과 함께 조선과의 통상 조약을 맺고자 하였으나 격퇴되었다.

⑧ 주로 타국에 있는 사람이 자신의 조상 때부터 살던 나라를 이르는 말.

⑩ 아무런 어려움이 없이 순탄한 장래를 이르는 말. ○○○○ 출셋길.

⑫ 미국 정치계에서 공화당 내부의 신보수주의자. 또는 그러한 무리를 가리키는 말.

⑭ 바퀴를 달아서 굴러가게 만든 기구. 사람이 타거나 짐을 싣는다.

바람이다.

역시

밤바람이 좋아...

	①	②		③	④		
⑤							
⑥				⑦		⑧	
		⑨					
							⑩
⑪	⑫			⑬			
			⑭				
	⑮						

정답 · 169쪽

Q 17

[가 로]

② 먹으면 늙지 않는다고 하는 풀. 진시황이 영원한 생명을 꿈꾸며 ○○○를 찾게 한 이야기가 유명하다.

④ 술을 마실 때 곁들여 먹는 음식.

⑤ 도장 새기는 것을 직업으로 하는 사람.

⑦ 물을 받아서 설거지하게 되어 있는 시설물. 일반적으로 부엌에서 쓰는 싱크대의 오목한 부분을 말한다.

⑨ 대사가 주재국에서 공무를 처리하는 기관.

⑪ 고대 이집트의 왕을 지칭하는 말.

⑬ 한창 혈기가 왕성할 때의 남자를 이르는 말.

⑮ 일이 진행되는 속도나 정도.

⑲ 산에서도 싸우고 물에서도 싸웠다는 뜻의 사자성어. 세상의 온갖 고생과 어려움을 다 겪었음을 비유적으로 이르는 말.

⑳ 중국 동부, 양쯔강 하구에 있는 중앙 직할시. 중국 최대의 상공업 도시로 난징 조약으로 개항한 무역항이다.

㉑ 근로자가 노동 조건 따위에 관한 자신들의 주장을 관철하기 위하여 단결해서 파업이나 기타 행위를 할 수 있는 권리.

[세 로]

① 의로운 사람.

② 부처 앞에 향, 등, 꽃, 음식 따위를 바치고 기원함.

③ 풀과 티끌을 아울러 이르는 말로 흔히 '지푸라기'를 이른다. 매우 하찮은 것을 비유적으로 이를 때 많이 사용된다. 목숨을 ○○와 같이 버리고.

④ 눈병이 났을 때 눈을 보호하기 위하여 가리는 거즈 등의 천 조각.

⑥ 충남 청양군 대치면에 있는 절. 마곡사의 말사로 신라 말기에 보조 선사가 창건한 것으로 추측된다. 우리나라 국보인 철조 약사여래 좌상과 우리나라 보물인 금동 약사여래 좌상이 있다.

⑧ 581년 중국 북주(北周)의 양견이 선양을 받아 세운 왕조. 589년에 진나라를 합쳐 중국을 통일하였으나 618년에 당나라 고조 이연에게 망하였다.

⑨ 서로 마주하여 이야기를 주고받음. 또는 그 이야기.

⑩ 관청에서 관리에게 빌려주어 살도록 지은 집.

⑪ 밀가루와 버터를 개어 과일, 고기 따위를 넣고 구워서 만드는 서양 과자. 애플○○, 호두○○ 따위가 있다.

⑫ 병을 잘못 진단하는 일.

⑭ 신라 문무왕 시절 7년간에 걸쳐, 삼국 통일을 이룩할 때 우리 영토를 차지하려 한 당나라의 세력을 몰아낸 전쟁.

⑯ 악보에서 악곡의 어느 부분을 되풀이하여 연주하거나 노래하도록 지시하는 기호.

⑰ 외국 돈과 국내 돈을 바꾸는 일.

⑱ 자기의 ○○○에 대한 독점권. 인격권의 하나로 자기의 얼굴이 나타난 그림이나 사진이 승낙 없이 전시되거나 게재되었을 때는 손해 배상을 청구할 수 있다.

⑲ 산속에 근거지를 두고 남의 재물을 빼앗는 도적.

①		②		③		④	
⑤	⑥			⑦	⑧		
⑨		⑩		⑪		⑫	
		⑬	⑭			⑮	⑯
	⑰				⑱		
⑲					⑳		
			㉑				

정답 · 170쪽

Q18

[가 로]

② 극장 따위에서 영화를 영사하여 공개하는 일.

③ 다른 나라의 간섭을 받지 아니하고 주권을 완전히 행사할 수 있는 독립국.

⑤ 야구나 축구, 농구 따위의 프로 경기를 사업으로 하는 단체를 운영하는 책임자.

⑥ 국가나 사회, 단체 등을 구성하는 낱낱의 사람.

⑦ 사진 원판을 ○○지 위에 올려놓고 사진이 나타나도록 하는 일.

⑧ 한 가정의 살림살이를 맡아 꾸려 가는 안주인.

⑨ 무협지에서 흔히 등장하는 표현. 일반적인 무공보다 훨씬 강력하고 신비로운 힘을 가진 기술.

⑪ 사회의 일원으로서 활동하는 개인.

⑫ 땅의 위. 지하의 반대말.

⑬ 의심스럽게 생각함. 또는 그러한 물음.

⑭ 화산이 터져 가스나 수증기, 불 따위의 분출물이 나오는 구멍.

⑮ 아는 것이 없음. 무례하거나 몰상식한 태도를 비판할 때도 쓰임.

⑯ 마찰 부분이 닳아서 없어지거나 무디어짐.

⑰ 한 상태에서 다른 새로운 상태로 옮겨 가거나 바뀌어 가는 도중의 시기. 흔히 사회적인 질서, 제도, 사상 따위가 아직 확립되지 않은 불안정한 시기를 말한다.

⑱ 어떤 분야에서 기술과 재주가 뛰어나서 이름이 난 사람.

[세 로]

① 묵은해를 보내고 새해를 맞음.

② 어떤 지역에 항상 머물러 있거나 생활함.

③ 어떤 대상에 대한 소유권을 가지고 있는 사람.

④ 중앙 행정 기관의 하나로 국가 방위에 관련된 군정 및 사무를 맡아서 처리한다.

⑥ 봉건적인 제도나 사상을 없애고 근대적인 제도나 사상 따위를 받아 들여 근대화를 꾀하려는 사상.

⑧ 일이나 단체 따위에 대하여 주체로서 책임감을 가지고 이끌어 가야 한다는 의식.

⑩ 둘 이상의 서로 다른 분수를 크기가 변하지 않게 통분하였을 때
   갖는 분모.

⑫ 지구와 그 주위의 천체를 연구하는 학문. 지질학, 지구 물리학,
   천문학, 기상학 따위를 포함한다.

⑮ 이름을 적지 않음. ○○○으로 투표하였다.

⑯ 야구에서 변화가 심하게 일어나서 타자가 맞추기 매우 곤란한 공.

①		②			③		④
⑤				⑥			
			⑦			⑧	
⑨	⑩			⑪			
			⑫			⑬	
	⑭				⑮		
⑯			⑰				
					⑱		

정답 · 170쪽

Q 19

[가 로]

② 일이나 어떤 현상이 순차적으로 진행되는 과정.

③ 하늘의 부름을 받아 돌아간다는 뜻. 개신교에서 죽음을 이르는 말.

⑤ 시험을 치르는 사람이 어떤 문제에 대한 자기의 지식이나 생각을 서술하게 하는 시험의 한 형식

⑥ 부동산을 소개하고 거래를 성사토록 한 대가로 손님이 부동산 공인 중개사에게 주는 돈.

⑦ 비탈이 진 땅.

⑧ 한자(漢字)만으로 쓴 글.

⑨ 무엇이 불에 탈 때 생기는 흐릿한 기체나 기운.

⑩ 조심하지 아니함. 운전 ○○○로 사고가 났다.

⑪ 전혀 없음. 지금까지 그러한 일은 ○○했다.

⑫ 기계나 장치 따위가 사람이 조작하지 않아도 일정한 방식에 따라 스스로 움직임.

⑬ 과자나 빵 따위를 만들어 파는 가게.

⑮ 우주를 창조하고 지배하는 신이 있다는 종교적, 철학적 사상을 믿는 사람.

⑯ 운동 경기에서 득점하는 데 뛰어난 선수를 표현하는 말.

[세 로]

① 조선시대에 타지에서 온 상인들의 거처를 제공하며 물건을 맡아 팔
거나 흥정을 붙여 주는 일을 하던 상인. 또는 그런 집.
② 테니스, 탁구, 배드민턴 따위에서 일대일로 행하는 경기.
④ 중국 양나라 주흥사가 지은 책. 모두 1,000자로 되어 있다. 한문 학
습의 입문서로 널리 쓰였다.
⑥ 땅에 엎드려 움직이지 아니한다는 뜻으로 주어진 일이나 업무를 처
리하는 데 몸을 사리는 것을 이르는 말.
⑧ 한의학에 관한 이론과 실제를 전공하는 학과.
⑨ 무예를 단련함.
⑪ 앞으로 발전하고 성공할 가능성과 희망이 있음.
⑫ 자기가 저지른 일의 결과를 자기가 받음.
⑬ 위산을 중화하거나 흡착하여 그 작용을 줄이는 작용을 한다. 겔 모양
으로 위점막에 달라붙어 궤양 면을 덮어 보호함으로써 산의 자극을

완화시키는 의약품.

⑭ 혼합 기체에 불을 붙이기 위하여 불꽃을 내는 기구.

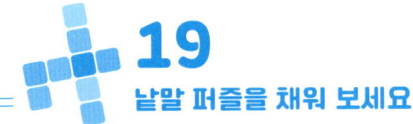

19

낱말 퍼즐을 채워 보세요

①		②				③	④
⑤				⑥			
		⑦				⑧	
	⑨			⑩			
⑪			⑫				
					⑬		⑭
⑮							
			⑯				

정답 • 170쪽

Q 20

[가 로]

① 비, 눈, 우박, 안개 따위로 일정 기간 일정한 곳에 내린 물의 총량. 단위는 밀리미터(mm)이다.

③ 목적지로 가는 도중 잠깐 들르는 곳.

⑤ 참고로 비교하고 대조하여 봄.

⑥ 관청에 딸려 가무와 기악 따위를 하는 기생을 이르던 말.

⑦ 해마다 사람이 죽은 날에 지내는 제사.

⑨ 사람이나 물건을 목적한 장소나 방향으로 이끎.

⑩ 책을 팔거나 사는 가게.

⑫ 높은 지식과 지능을 갖춘 사람.

⑬ 어떤 대상이나 현상 따위를 최대한 있는 그대로 언어로 서술하거나 그림으로 그려서 나타냄.

⑭ 먼 곳으로 싸우러 나감.

⑯ 외국의 화폐.

⑱ 미인을 이용하여 사람을 꾀는 계략.

⑲ 손뼉을 치며 크게 웃음.

⑳ 언어, 문학, 역사, 철학 따위의 학문 계통.

[세 로]

② 사람이나 화물 따위를 실어 나르는 데 쓰는 비행기.

③ 비가 오지 않을 때 비 오기를 빌던 제사.

④ 무엇을 가지고서 모임 따위에 참여함.

⑥ 관중과 포숙의 사귐이란 뜻. 우정이 아주 돈독한 친구 관계를
   이르는 말.

⑦ 신이나 절대적 존재에게 원하는 바가 이루어지기를 빎. 또는 그 의식.

⑧ 역사적 사실을 기록한 책.

⑨ 사람과 닮은 특징을 가진 대형 원숭이류. 긴팔 원숭이류, 고릴라,
   오랑우탄 따위가 있다.

⑪ 선을 쓰지 않고 점으로 그린 그림.

⑮ 곡식을 찧거나 빻는 곳.

⑯ 지구 이외의 행성에 존재한다고 추측되는 지적인 생명체.

⑰ 기계나 기구 따위가 제대로 작동하지 못하게 된 상태.

그냥

지나갈까~?

아냐,

할 건 해야지...

①	②			③		④	
						⑤	
⑥			⑦		⑧		
		⑨			⑩	⑪	
⑫						⑬	
		⑭	⑮		⑯		
	⑰		⑱				
⑲					⑳		

정답 · 170쪽

[가 로]

① 사람들이 강아지 다음으로 많이 키우는 애완동물이다. 호랑이, 표범도 ○○○과 동물에 속한다. 쥐를 잘 잡는다.

③ 정치적·경제적으로 다른 나라에 예속되어 국가로서의 주권을 상실한 나라.

⑤ 목축을 업으로 삼아 물과 풀을 따라 옮겨 다니며 사는 민족.

⑥ 죄를 따져서 비난하고 물러나게 하다. 공직자가 직무를 제대로 수행하지 못했거나 법을 어긴 경우, 책임을 물어 해임을 요구하는 절차.

⑧ 정식으로 절차를 갖추지 아니하고 간추린 의식이나 양식.

⑨ 죽은 사람의 넋.

⑩ 조선시대에 각 군영과 지방 관아의 군무에 종사하던 낮은 벼슬아치.

⑪ 행사할 때 대열의 앞에 서서 깃발을 드는 일을 맡은 사람.

⑫ 연고나 붕대를 피부에 붙이기 위하여 점착성 물질을 발라서 만든 헝겊이나 테이프.

⑭ 건물을 세우거나 도로를 만들 목적으로 마련한 땅.

⑮ 바다에서 사고가 생겼을 때 사고 선박을 버리고 탈출할 때 사용하기

위해 준비된 보트.

⑯ 젖먹이에게 걸음을 익히게 하려고 태우는 바퀴가 달린 기구.

⑱ 폭우나 지진 따위로 산 중턱의 바윗돌이나 토사가 갑자기 무너져
내리는 현상.

[세 로]

① 먼지나 강한 빛 따위로부터 눈을 보호하는 데 쓰는 안경. 오토바이
를 타거나 스키를 탈 때 많이 쓴다.

② 젖을 떼는 아기에게 먹이는 젖 이외의 음식. 특히 부드럽게 조리한
음식을 말한다.

③ 한 나라가 자력으로 아무것도 해낼 수 없어 다른 나라로부터 모든 것
을 이식받았다고 보는 역사관.

④ 잘못을 지적하며 비난함.

⑦ 핵에너지를 이용한 동력으로 움직이거나 핵무기를 탑재한 잠수함.

⑧ 약혼을 기념하기 위해 상대방에게 주는 반지.

⑩ 불에 구워서 익힌 고구마.

⑬ 재정 사무를 맡은 사람이 업무를 수행하다가 고의 또는 과실로 일정한 손해를 끼쳤을 때 그것에 대한 빠른 보상을 받기 위한 조치로서의 보증 행위.

⑭ 움직이거나 옮길 수 없는 재산. 토지나 건물이 대표적으로 ○○○으로 분류가 된다.

⑰ 함대의 군함 가운데 가장 높은 지휘관이 타고 있는 배. 대개 지휘관의 지위를 상징하는 깃발이 걸려 있다.

①		②		③		④	
		⑤				⑥	⑦
	⑧						
⑨			⑩			⑪	
	⑫				⑬		
⑭			⑮				
					⑯		⑰
⑱							

정답 • 171쪽

Q22

[가 로]

① 점수를 줄이는 행위.

② 공로가 있는 사람에게 칭찬하고 장려하여 상으로 돈을 주는 제도.

④ 세상을 살아가는 한평생을 나그넷길에 비유하여 이르는 말.

⑤ 어떤 일이나 말을 할 때 짝을 이루는 사람.

⑥ 법률에 따라서 선서를 한 증인이 증언을 거짓으로 함.

⑦ 영원히 죽지 않는다는 전설의 새처럼 어떤 어려움이나 고난에 빠져도 이겨 내는 사람을 비유적으로 이르는 말.

⑧ 빌려주고 돌려받는 행위.

⑨ 이름이 널리 알려져 있지 않음. ○○가수의 공연.

⑩ 훌륭한 문학 작품을 썼거나 문학 부문에 공적을 쌓은 이에게 주는 상.

⑪ 수영에서 헤엄치는 방법에 제한이 없는 경기 종목.

⑬ 여러 사진 작품을 전시하는 일.

⑮ 아무런 인과관계 없이 뜻하지 아니하게 일어난 일. ○○한 만남.

[세 로]

① 시간이 지나면서 자산의 가치가 줄어드는 것을 회계적으로 반영하는 과정을 나타내는 말.

② 사로잡은 적.

③ 목적지에 닿기 전에 차에서 내림.

④ 간 곳이나 방향을 알지 못함.

⑥ 거짓으로 그럴듯하게 똑같이 만들어 낸 문서.

⑧ 작은 물집이 띠 모양으로 번져 가는 발진으로 신경을 따라 번지며 심한 통증을 유발한다. 포진 바이러스에 의한 것으로 감염이 되면 지름 2~4밀리미터의 작은 물집이 붉은 반점 위에 나타난다.

⑨ 사람의 힘을 더하지 않은 그대로의 자연.

⑫ 범죄 수사와 범인의 체포를 직무로 하는 사복 경찰관을 통칭하는 말.

⑭ 정치적인 신념이나 이념, 성향을 바꾸어 그와 배치되는 사상으로 가는 것을 뜻함.

너,

내가 말했지...

생각 좀 하고

살자.

①			②				③
		④					
⑤				⑥			
		⑦				⑧	
	⑨			⑩			
	⑪		⑫		⑬		⑭
⑮							

정답 · 171쪽

Q23

[가 로]

② 여론이 형성되는 과정을 설명하는 말. 침묵하는 다수가 존재함으로써 대중 매체에서 주로 다루는 의견이 사회적으로 주된 여론이 되는 것을 나선 모양에 비유하여 설명함.

④ 지문, 혈흔, 족적 등의 자료를 바탕으로 범죄의 수법 따위를 감정하며 식별하는 일.

⑤ 토지나 건물 따위를 나누어 파는 가격.

⑦ 예의를 차리고 우대하는 것.

⑩ 생각이나 느낌 따위를 언어, 몸짓 따위의 형상으로 드러내어 나타냄.

⑫ 좋은 맞수. 또는 알맞은 상대.

⑭ 어떤 대상이나 가치를 침범, 침해로부터 지키고 보호하는 행위.

⑮ 식품 위생법에 의한 소정의 면허를 갖고 음식점, 집단 급식소 따위에서 음식을 만드는 일을 직업으로 하는 사람.

⑯ 건축·토목·기계 제작 따위에서 그 목적에 따라 실제적인 계획을 세워 도면 따위로 명시하는 것.

⑰ 법률에 규정된 자격을 가지고 소송 당사자나 관계인의 의뢰 또는 법

원의 명령에 따라 피고나 원고를 변론하며 그 밖의 법률에 관한 업무를 진행하며 종사하고 사람.

⑱ 소유자로부터 위탁을 받아 시설을 관리하는 사람. 아파트 ○○○.

① 범죄가 자주 일어나거나 일어날 가능성이 높은 지역.

[세 로]

② 단단한 암석 사이에 있던 약한 암석이 침식되어 생긴 분지.

③ 선거권을 가진 사람이 공직에 임할 사람을 투표로 뽑는 것.

⑥ '집집마다' 라는 뜻으로 모든 가정과 각 집을 포괄하는 표현.

⑧ 우편물에 붙여 요금을 납부하였음을 증명하는 증표. 정부 또는 정부로부터 위임받은 기관이 발행한다.

⑨ 물려받고 넘겨줌.

⑪ 일을 실제로 진행하거나 작업하는 곳으로 가서 자세히 살펴보고 찾아보는 것.

⑬ 말을 요령 있게 이리저리 척척 잘 둘러대는 슬기나 능력.

⑭ 범죄를 수사하는 사람.

⑯ 히말라야의 산속 깊은 곳에 살고 있다는 전설적인 동물. 생김새가
　 인간과 매우 닮았다고 전해진다.

①			②				③
④							
			⑤		⑥		
⑦	⑧						⑨
	⑩	⑪			⑫		
⑬				⑭			
		⑮				⑯	
⑰				⑱			

정답 · 171쪽

[가 로]

② 선박에 의해 거래가 이루어지는 무역.

④ 지각 속에서 화구로 통하는 화산 분출물의 통로.

⑤ 자기 집이나 직장 따위에 있지 않는 상태.

⑥ 하는 일 없이 놀고먹음.

⑧ 노래나 춤의 곡조에 맞추어서 흥을 돋울 때 하는 말. ○○○ 좋네.

⑨ 기초군사훈련을 마치고 자대에 배치된 병사..

⑩ 유언으로 유산의 전부 또는 일부를 무상으로 다른 사람에게 물려줌.
   또는 그런 행위.

⑪ 다른 사람의 마음이나 사정을 미리 살펴봄.

⑫ 기온이 영하일 때 유리나 벽 따위에 수증기가 허옇게 얼어붙은 것.

⑬ 큰 그릇을 만드는 데 시간이 오래 걸린다는 뜻의 사자성어. 크게 될
   사람은 늦게 이루어짐을 이르는 말.

⑮ 겉으로 드러나지 않게 몰래 조사함.

⑯ 어떤 사물이나 견해 따위가 여러 갈래로 갈라지거나 어지럽게 흩어짐.

[세 로]

① 어물어물 망설이기만 하고 결단력이 없음.

② 바다의 상태를 자세히 적어 넣은 항해용 지도

③ 습도와 온도가 높아서 찌는 듯 견디기 어려운 더위.

④ 그림 속의 떡이란 뜻. 이용할 수 없고 차지할 수 없음을 비유적으로 이르는 말.

⑥ 사업을 시작하거나 지속할 만한 밑천이 없음.

⑦ 음식을 먹고 난 뒤에 몸이 나른해지고 졸음이 오는 증상.

⑨ 외부로부터 섭취한 물질을 합성하거나 분해해서 생명을 유지하기 위한 에너지로 바꾸고 불필요한 노폐물을 몸 밖으로 배출하는 것.

⑩ 정체를 확인할 수 없는 비행 물체.

⑭ 일을 이룸. 또는 일이 이루어짐.

웃기네...

.

.

.

바람은

항상

네 곁을 스쳐 가.

①			②		③		
		④					
⑤				⑥			⑦
		⑧					
	⑨					⑩	
⑪					⑫		
	⑬			⑭			
⑮				⑯			

정답 · 171쪽

Q 25

[가 로]

② 강의나 강습 받기를 신청하는 서류.

④ 무선 전신이나 무선 통신을 하는 데 쓰는 기계.

⑤ 비닐로 만든 주머니.

⑥ 환자나 노약자를 보살피고 돌봄.

⑦ 도를 닦아서 인간 세상을 떠나 자연과 벗하며 산다는 상상의 사람. 세속적인 상식에 구애받지 않고, 고통과 질병 없이 영생한다고 한다.

⑨ 경찰 업무를 맡아보는 관청의 하나. 대도시의 각 구 및 시, 군에 설치한다.

⑪ 서울특별시 광화문 네거리에서 동대문에 이르는 큰 거리. 거리를 중심으로 상업 지구가 형성되어 있다.

⑫ 어떤 분야에서 겪어 온 일이나 쌓아 온 경험을 나타내는 영문 표기.

[세 로]

① 경찰 공무원 계급의 하나로 치안감의 아래, 총경의 위다.

② 손에 일정한 수기를 쥐고 가시거리 이내에서 행하는 통신 방법. 군대, 철도, 선박에서 오른손에 붉은 기, 왼손에 흰 기를 들고 신호를 주고받는다.

③ 문서 따위를 넣기 위해 종이로 만든 봉투.

⑤ 비밀리에 조직하여 겉으로 드러나지 않게 활동하는 정치 사찰 기구. 주로 어떤 국가 형태를 유지하기 위하여 반국가 활동을 단속한다.

⑥ 도로망의 원줄기를 이루는 주요 도로.

⑧ 알파벳, 일본 문자, 특수 문자, 한글 자모, 숫자 등 컴퓨터에서 입력이 가능한 모든 문자를 이리저리 조합하여 의사를 전달하는 컴퓨터 통신상의 언어. 일반인들은 이해하기 어려워서 붙여진 이름으로 신조어다.

⑨ 목적지로 가기 위해 거쳐서 지나는 곳.

⑩ 마술, 여러 가지 곡예, 동물의 묘기 등을 보여 주는 흥행물. 또는 그것을 공연하는 단체.

⑪ 한 학기의 강의가 끝나거나 강의를 끝마침. 또는 한 학기의 마지막 강의.

① ② ③

④

⑤

⑥

⑦ ⑧

⑨ ⑩

⑪ ⑫

정답 · 172쪽

[가 로]

① 곱셈에 쓰는 기초 공식. 1에서 9까지의 각 수를 두 수끼리 서로 곱하여 그 값을 나타낸다.

⑤ 바둑이나 장기에서 과욕을 부려 두는 수.

⑥ 게시나 글을 통하여 알림.

⑦ 몸무게가 표준 체중의 50퍼센트를 넘는 비만.

⑨ 관절의 뼈 사이와 관절 주위에 있는 노끈이나 띠 모양의 결합 조직.

⑩ 질병이나 재해 따위가 일어나기 전에 미리 대처하여 막는 것.

⑪ 농작물을 심어 가꾸고 거두는 일.

⑫ 비행장에서 항공기의 움직임을 관리하고 통제하는 일을 하는 사람.

⑬ 국수, 실 따위를 동그랗게 포개어 감은 뭉치. '냉면○○ 추가요.'

⑭ 아이들이 가지고 노는 여러 가지 물건.

⑮ 어떤 일이나 대상의 내용을 사람들이 잘 알 수 있도록 밝혀 말하는 모임.

[세 로]

① 예술 작품을 창작할 때 작품의 골자가 될 내용이나 표현 방법 등에 대하여 생각을 정리함. 혹은 그 생각.

② 김밥의 재료 중 하나로 무로 만들었다.

③ 학의 목처럼 목을 길게 늘여 빼고 기다린다는 뜻으로 애타게 기다림을 비유적으로 이르는 말.

④ 장대처럼 굵고 거세게 좍좍 쏟아지는 비.

⑥ 술에 취해 거리에서 큰 소리를 지르거나 노래를 부르는 짓.

⑧ 모든 사람의 의견이 같음.

⑨ 일하는 사람들이 각자의 능력을 최대로 발휘하여 좋은 성과를 거둘 수 있도록 관리하는 일.

⑪ 조선 세종 11년(1429)에 정초, 변효문 등이 엮어서 펴낸 농사에 관한 책. 지금까지 전해지는 농서 가운데 가장 오래된 책으로 우리나라 풍토에 알맞은 농사법이 담겨있다.

⑬ 사사로운 감정.

그냥

걸어갈까?

바다를 보면

좀 시원하니까...

.

.

.

가고 싶다...

26

낱말 퍼즐을 채워 보세요

①		②		③		④	
		⑤					
	⑥			⑦			⑧
			⑨				
⑩					⑪		
			⑫				
	⑬						
⑭					⑮		

정답 • 172쪽

109

Q 27

[가 로]

① 일의 이치를 구별하여 가르는 일.

③ 성가를 부르기 위해서 조직된 합창대.

④ 많은 자본금을 가지고 대부하여 이자를 받거나 노동자를 고용하여 기업을 경영함으로써 이윤을 내는 사람.

⑤ 지나치게 많이 남기는 부당한 이익.

⑥ 평안북도 서북부에 있는 도시. 만주를 경유하는 압록강 철교가 있어 국제적 교통 요지이다. 평안북도의 도청 소재지다.

⑧ 정서를 자아내는 흥취와 경치. 고향의 ○○.

⑨ 돈을 받고 남의 빨래나 다림질 따위를 해 주는 가게.

⑩ 정도가 지나침은 미치지 못함과 같다는 뜻으로 중용이 중요함을 이르는 말.

⑫ 국가 사회의 일원. 그 나라 헌법에 따른 모든 권리와 의무를 지고 있는 자유민.

⑬ 자기 또는 남에게 가해지는 급박하고 부당한 침해를 막기 위해 침해 자에게 어쩔 수 없이 취하는 가해 행위.

⑮ 두 다리로 페달을 밟아 바퀴를 돌림으로써 움직이게 하는 탈것. 대
부분 바퀴가 두 개이나 한 개, 세 개, 네 개인 것도 있다.

[세 로]

① 주체성 없이 세력이 강한 나라나 사람을 받들어 섬기는 태도.
② 각각의 별자리마다 정해졌다고 하는 운수. 혹은 각각의 별자리에 따
라 달라지는 것으로 해석되는 운세.
⑥ 미약한 자극에도 민감한 반응을 보이는 신경 계통의 불안정한 상태.
⑦ 하지 못하는 일이 없음. ○○○○의 권력자.
⑪ 자동차, 기차 따위가 갑자기 멈춤.
⑫ 시간을 재거나 시각을 나타내는 기계나 장치를 통칭하는 말.
⑭ 상대편의 공격을 막음.

난 항상

네 곁에 있었어.

다만

.

.

.

네가

느끼지

못했을 뿐이지...

27
낱말 퍼즐을 채워 보세요

		①			②		
③					④		
				⑤			
	⑥						⑦
⑧					⑨		
	⑩			⑪			
⑫				⑬		⑭	
		⑮					

정답 · 172쪽

113

[가 로]

① 동쪽에서 소리를 내고 서쪽에서 적을 친다는 뜻의 사자성어.
  적을 유인하여 이쪽을 공격하는 체하다가 그 반대쪽을 치는 전술.

③ 축을 중심으로 빙빙 돌려서 드나들게 만든 문.

⑤ 추운 기운.

⑥ 비행기에서 고도를 측정하는 계기.

⑦ 동, 서, 남, 북. 네 방위를 한꺼번에 이르는 말.

⑧ 물품을 만드는 일을 하는 회사.

⑩ 수산 자원을 가장 풍부하게 수확할 수 있는 어장.

⑬ 사는 곳을 다른 곳으로 옮김.

⑭ 임신한 지 37주 미만에 태어난 아기. 또는 체중 2.5킬로그램 이하로
  분만된 아기를 표현하는 말.

⑮ 하드웨어나 소프트웨어의 성능을 기존 제품보다 더 좋은 새것으로
  변경하는 일.

[세 로]

① 근무 성적이나 실적에 따라 임금이 결정되는 제도. 판매직이나 영업
직에서 많이 사용된다.

② 비행기나 비행선을 넣어 두거나 정비하는 건물.

③ 회의가 열리는 시기.

④ 문턱이라고도 불림. 문틀과 마루 사이의 낮은 판.

⑤ 극한 상황. 출생, 우연, 죽음 등 인간이 피하거나 변화시킬 수 없는
상황.

⑨ 필요한 곳에 자금, 물자 따위를 대 주는 일을 목적으로 하는 계획적
경제 활동.

⑪ 장물을 맡아서 매매, 운반하거나 이러한 행위를 알선하는 사람을
속되게 이르는 말.

⑫ 겉만 보기 좋게 꾸며 드러냄.

⑭ '미국 드라마'를 줄여 부르는 신조어.

바람이 부네...

햇살도 아침을 지나

어디로 가니~?

①		②			③		④
				⑤			
		⑥				⑦	
⑧	⑨			⑩			⑪
			⑫				
⑬					⑭		
	⑮						

정답 · 172쪽

[가 로]

① 혼인이 정해진 뒤, 신랑의 집에서 신부의 집으로 신랑 사주를
  적어서 보내는 종이.

② 어떤 상처나 고통에도 죽지 않고 견디어 내는 몸.

⑤ ○○○법에 정한 자격을 가지고 있으면서 납세 의무자의 부탁을
  받아 세금 업무에 관한 일을 대신 처리해 주거나 상담하는 일을
  직업으로 갖는 사람.

⑥ 그림 그리는 데 쓰는 종이.

⑧ 전체 인구 가운데 65세 이상의 노인 인구의 비율이 14퍼센트 이상
  20퍼센트 미만인 사회.

⑩ 군인 중에서 하사, 중사, 상사, 원사 계급을 통틀어 이르는 말.

⑪ 시합이나 경기에서 적수로 겨룸.

⑫ 대학에 부설된 신문사에서 발행하는 신문. 학생들에게 유용한 정보를
  전달한다.

⑬ 싸움이나 경기 따위에서 이긴 사람.

⑭ 어떤 일을 사실인 듯 거짓으로 그럴듯하게 꾸며 냄.

⑮ 석가모니도 이 나무 아래에서 변함없는 진리를 깨닫고 불도를 이루었다고 전해진다.

⑯ 무덤의 풀을 베어서 깨끗이 하기 위해 조상의 묘소를 방문하는 사람.

[세 로]

① 모든 기독교도가 공동 예배에서 사용하며 예수가 제자들에게 직접 가르쳐 준, 기도의 내용을 적은 글이다.

② 부처의 가르침을 적은 경전.

③ 자신의 불행한 신세를 넋두리하듯이 늘어놓는 일. 또는 그 이야기.

④ 학교의 촉탁을 받아서 학생들에게 강의하는 사람.

⑦ 매우 더디어서 일 따위가 잘 진척되지 아니함.

⑧ 지위가 높고 훌륭한 벼슬. 또는 그런 위치에 있는 사람.

⑨ 같은 공연을 여러 번 보는 관객을 비유적으로 칭하는 말.

⑪ 주로 대학가나 단체에서 자신들의 주장이나 홍보를 위해 글씨를 크게 써서 붙이는 게시물. 과거 중국 인민이 자기 견해를 주장하기 위해 붙이는 대형 게시문에서 유래했다고 한다.

⑭ 밀물과 썰물을 통틀어 이르는 말.

밥은 먹었어~?

	①			②		③		④
						⑤		
⑥		⑦						
					⑧			⑨
		⑩						
	⑪				⑫			
⑬			⑭					
	⑮					⑯		

정답 · 173쪽

[가 로]

① 참복과의 바닷물고기를 통틀어 이르는 말. 적에게 공격을 받으면 물 또는 공기를 들이마셔서 배를 불룩하게 내미는 특징이 있다. 맛이 좋아 식용하나 내장에 맹독이 있어 조리를 잘못하면 중독을 일으킨다.

③ 총이나 활을 잘 쏘는 사수.

⑥ 서툴르고 미숙하여 굿을 제대로 못 하는 무당.

⑧ 목을 옭아매어서 죽이는 형벌.

⑩ 논밭 넓이의 단위. 한 ○○○는 볍씨 한 말의 모 또는 씨앗을 심을 만한 넓이다. 지방마다 다르나 논은 약 150~300평이고 밭은 약 100평 정도다.

⑫ 배를 건조하거나 고치는 곳.

⑭ 수학 용어로 어느 관계를 통하여 변하지 않는 일정한 값을 가진 수나 양. 원주율, 탄성률 따위가 있다.

⑮ 죄를 지은 사람이나 그런 혐의가 있는 사람을 강제로 잡아들이고자 경찰이나 군인이 조직한 소규모의 집단.

⑰ 쪼개지 아니한 통째 그대로의 고구마.

⑱ 사람을 고용해 부리는 데에 드는 비용.

[세 로]

② 물고기를 잡는 데에 쓰는 배.

③ 풍수지리상으로 아주 좋은 묏자리나 집터.

④ 나라와 나라 사이에 교제를 맺음.

⑤ 형벌의 정도를 정하는 것.

⑦ 무술이 뛰어난 협객의 모험 이야기를 다룬 책.

⑨ 물과 하늘이 맞닿아서 경계를 이루는 선.

⑩ 음험하고 흉악한 손길. 그녀의 ○○에서 벗어났다.

⑪ 비행기의 몸체를 이르는 낱말.

⑫ 극장에서 오전에 입장하는 관객들에게 입장 요금을 조금 깎아 주는 것. 또는 그렇게 깎인 요금.

⑬ 편지 이외에 작은 물건을 포장하여 보내는 우편의 한 종류. 크기, 무게에 따라 제한이 있고 가격도 달라진다.

⑭ 조선시대에 쓰던 엽전의 이름. 인조 11년(1633)부터 조선 후기까지 사용하였다.

⑯ 우리나라 삼국시대의 삼국 가운데 하나다. 동명왕 주몽이 기원전 37년에 세운 나라로 강성한 때에는 한반도 남부에서 요동 지방까지 영유하였다. 668년에 신라와 중국 당나라의 연합군에게 멸망하였다.

⑲ 말라서 습기가 없음.

①	②		③		④		⑤
	⑥	⑦			⑧	⑨	
	⑩		⑪		⑫		⑬
⑭			⑮				
		⑯					
⑰					⑱	⑲	

Q 31

[가 로]

① 불경에 나온은 악귀, '나찰'이 사는 세계.

③ 우리나라의 독립운동가이자 정치가(1894~1960). 천안 출생으로, 호는 유석(維石)이다. 1955년 신익희, 장면 등과 함께 민주당을 창당하였고, 1956년 대표 최고위원으로 선출되었다. 1960년 민주당의 공천을 받아 대통령 선거에 입후보하였으나 미국에서 치료 중 병사하였다.

⑤ 사람이나 생물이 세상에 나서 살아온 햇수.

⑥ 못을 박을 수도 있고 뽑을 수도 있는 연장.

⑧ 다른 곳으로 떠나 있던 사람이 원래 있던 곳으로 돌아오거나 돌아감.

⑨ 베트남의 수도.

⑪ 스스로를 지키는 방책.

⑬ 작자 자신의 생애와 활동을 직접 적은 기록.

⑮ 한자로는 돈을 지키는 노예라는 뜻. 돈을 모을 줄만 알고 도무지 쓸 줄을 모르는 사람을 낮잡아 이르는 말.

⑰ 관동 팔경의 하나. 강원도 강릉시 저동에 있는 누대. 정식 명칭은 '강

릉 ○○○'이다.

⑲ 털 색깔이 흰색인 개.

⑳ 사납고 악한 짓.

[세 로]

① 환자가 아니면서 환자인 척하는 사람들을 익살스럽게 이르는 낱말.

② 나라에 큰 공이 있는 사람이 죽었을 때 나라가 주관하여 장례를 치르
   는 일. 또는 그 장례.

③ 말이나 글 또는 일이나 행동에서 앞뒤가 들어맞고 체계가 서는 갈피.

④ 건물 안에 설치한 소화전.

⑦ 상아의 표면에 흑점을 찍어 네모꼴로 만든 스물여덟 장의 서양 골패.
   또는 그것을 가지고 하는 놀이. 18세기 이탈리아에서 만들어졌다.

⑨ 가장 나쁜 대책이나 방책.

⑩ 남에게 돈을 빌려 쓴 대가로 치르는 일정한 비율의 돈.

⑫ 훌륭한 사람의 업적과 삶을 적은 글. 또는 그런 책.

⑭ 제주특별자치도 남부에 있는 시로 항구 도시이다. 정방 폭포, 연외

천, 천지연 폭포 등 많은 관광 자원이 있는 곳이며, 감귤과 파인애플 따위의 특용작물 재배가 활발한 곳이다. ○○○항을 중심으로 연근해 어업도 활발하다. 2006년 7월에는 남제주군과 통합하여 자치시에서 행정시가 되었다. 면적은 871.47제곱킬로미터.

⑮ 수영 경기의 하나. 길이 30미터, 너비 20미터, 수심 1.8미터의 수영장 안에서 7명씩 짠 두 편이 서로 헤엄을 치며 공을 상대편의 골에 넣어 득점을 겨루는 경기.

⑯ 대대로 물려 내려오는 점포.

⑰ 잘못에 대한 책임을 물어서 어떤 직위에 있는 사람을 다른 사람으로 바꿈.

⑱ '성인'과 비슷한 의미. 보통은 만 19세 이상의 어른을 말한다.

	①		②		③		④
⑤			⑥	⑦			
⑧			⑨		⑩		
	⑪	⑫			⑬	⑭	
	⑮		⑯		⑰		⑱
⑲			⑳				

정답 • 173쪽

Q 32

[가 로]

① 중국 전국 시대의 사상가. 자는 자여(子輿) 혹은 자거(子車). 공자의 인(仁) 사상을 발전시켜 '성선설'을 주장하였고, 인의의 정치를 권하였다. 유학의 정통으로 추앙된다. '아성(亞聖)'이라 불린다.

③ 섬에 들어감. 제주도에 관광객들의 ○○가 늘었다.

⑤ 부름이나 물음에 응하여 답함.

⑦ 조선 후기의 화가(1676~1759). 호는 겸재(謙齋). 국내의 명승지를 찾아다니면서 조선의 실경산수화를 전통적 산수화 양식에 근거하여 진경산수화라는 새로운 양식을 개척해 냈다.

⑩ 운동하는 사람을 훈련하고 지도하는 것을 도맡아서 하는 사람.

⑫ 결혼식 때 신부가 머리에 써서 뒤로 늘이는 얇고 가벼운 흰 천으로 만든 장식품.

⑬ 어떤 상황이나 현상이 굳어져 변하지 않음.

⑮ 마음의 상태. ○○이 복잡하다.

⑰ 방송국에서 일정한 시간 안에 음악, 드라마, 뉴스 등의 음성을 전파로 방송하여 수신 장치를 갖추고 있는 청취자들이 듣게 하는 일. 또

는 그런 방송 내용.

⑱ 주로 짚을 원료로 하여 만드는 빛이 누렇고 질이 낮은 종이.

⑳ 극장이나 시장, 해수욕장 등 명칭에 '장(場)' 자가 붙은 사업체나 시설이 문을 열고 업무를 시작함.

㉑ 싸움이나 전쟁할 때 적의 창검이나 화살을 막기 위하여 입던 옷.

㉒ 착각하여 잘못함. 또는 그런 잘못.

[세 로]

② 자시(子時)의 한가운데. 밤 열두 시.

④ 미술관, 박물관 등에서 자원봉사자로 일하면서 일반 관람객들에게 작품, 작가, 미술의 흐름 따위를 설명하여 주는 사람.

⑥ '답은 정해져 있고 너는 대답만 하면 돼.'라는 뜻의 신조어. 주로 자신이 듣고 싶은 정답을 미리 정해 놓고 상대방에게 질문을 계속하여 자신이 원하는 답을 말하도록 유도하는 행위. 혹은 그것을 하는 사람.

⑧ 한 나라가 다른 나라에 전쟁을 시작한다는 것을 공식적으로 알리는 행위.

⑨ 사람의 얼굴을 하고 있으나 마음은 짐승과 같다는 뜻. 마음이나 행동이 몹시 흉악하고 못됨을 이르는 말.

⑪ 프랑스의 작가 빅토르 위고가 집필하여 1862년에 발표한 장편 소설. 사회에서 범죄자로 몰려 인생을 저주하며 불우하게 살아가던 장 발장. 그의 영혼이 깨끗한 사랑으로 구제되는 과정을 그렸다.

⑭ 차량 내부에서 음악을 효과적인 소리로 듣기 위한 장치.

⑯ 말이 달리는 경기장. 말의 경주가 열리는 장소.

⑲ 가죽이나 비닐, 헝겊 등으로 자그마하게 만든 물건. 돈이나 증명서 따위를 넣어서 갖고 다니는 데 쓴다.

①	②		③	④		⑤	⑥
	⑦	⑧					
⑨		⑩			⑪		
⑫							
		⑬					⑭
⑮	⑯				⑰		
	⑱		⑲				
⑳			㉑			㉒	

정답 • 173쪽

Q 33

[가 로]

① 거의 변동 없이 그대로 유지되는 시세.

③ 계급 사회에서 생산 수단을 소유한 사람이 생산 수단을 갖지 않은 직접 생산자로부터 그 노동 성과를 무상으로 취득함. 또는 그런 일. 경제적으로 ○○를 당하고 있다.

④ 서로 비슷한 나이. 혹은 나이가 비슷한 사람.

⑤ 어떤 단체나 기관의 전화번호 가운데 교환대 구실을 하는 전화번호.

⑥ 일정한 경로를 한 바퀴 돎.

⑦ 갑옷과 투구를 아울러 이르는 말.

⑧ 정보를 수집하고 전달하기 위해 그물처럼 널리 펴놓은 조직.

⑩ 이해 당사자의 주장이나 견해 따위가 상반될 때, 서로 좋은 쪽으로 협의해 보자며 내는 방안.

⑫ 뒤쪽으로 나아감. 자동차를 ○○하였다.

⑬ 바퀴 모양의 회전식 놀이 기구. 두 명에서 네 명이 앉을 수 있는 작은 공간을 여러 개 만들어 먼 곳을 볼 수 있도록 해놓았다.

⑭ 부분 부분의 합계를 계속하여 덧붙여 계산함. 또는 그 합계.

⑮ 일이나 차림이 간단하고 소박하다는 뜻이다. ○○한 예식. ○○한 선물.

⑯ 자석의 주위나 전류가 지나는 선 주위에 생긴다. 자기력이 작용하는 공간을 말한다.

⑰ 같은 도로에서 다른 차들이 달리는 방향과 반대 방향으로 달리는 것.

[세 로]

① 아주 귀하고 소중한 물건.

② 한 가구를 이끄는 주가 되는 사람.

③ 조선시대, 호랑이를 잡기 위해서 선발하여 배치하던 군사.

④ 급여 소득에서 원천 징수를 한 1년 동안의 소득세에 대하여 다음 연도 초에 넘거나 모자란 금액을 정산하는 일.

⑥ 한 번 그물을 쳐서 고기를 다 잡는다는 뜻. 어떤 조직이나 무리를 한꺼번에 모조리 다 잡는 것을 이르는 말.

⑨ 매우 즐거운 표정으로 한바탕 크게 웃음.

⑪ 기차를 타고 다니면서 하는 여행.

⑫ 어떤 일이나 사람의 뒤를 잇는 사람.

⑮ 음식의 간을 맞추는 데 쓰는 짠맛이 나는 흑갈색 액체. 보통 메주를 소금물에 30일 정도 담가 우려낸 뒤에 그 국물을 떠내어 솥에 붓고 달여 만든다.

33 낱말 퍼즐을 채워 보세요

	①		②			③	
④			⑤				
		⑥				⑦	
⑧				⑨			
		⑩					⑪
	⑫			⑬			
⑭			⑮				
	⑯				⑰		

정답 • 174쪽

Q 34

[가 로]

① 사람의 얼굴에 난 가는 솜털을 비유해서 이르는 말.

③ 판매할 상품의 값을 적어서 상품에 붙이거나 달아 놓은 표시.

⑤ 가루로 된 식용유. 식용유의 지방구에 카세인, 젤라틴 등을 씌워서 건조하여 만든다. 탈지분유와 섞어서 제빵이나 제과에 이용하기도 한다.

⑧ 간단한 도구와 손을 사용하여 생산하는 작은 규모의 공업.

⑨ 망하거나 패할 징조.

⑪ 포유류 족제빗과에 속한 야행성 동물로 몸길이는 70~90센티미터 정도다. 11~3월경까지 겨울잠을 자고 설치류나 개구리, 지렁이, 도토리, 죽순 등을 먹이로 한다. 우리나라 사람들은 이것을 잡아서 털 가죽으로 벙거지를 만들어 썼는데 이것을 ○○○감투라고 한다. 이 감투에 관한 속담도 있다.

⑫ 위급한 상황이나 비상사태를 알리기 위해 울리는 종이나 사이렌.

⑬ 관직에 있는 사람. 고급 ○○에게 뇌물을 주었다.

⑭ 어떤 일에 대해서 고맙다는 뜻으로 주는 돈.

⑯ 원자핵의 붕괴나 핵반응으로 방출되는 에너지를 지속적으로 연쇄 반응을 일으켜 동력 자원으로 사용하는 원자핵에너지. ○○○ 발전소.

[세 로]

① 기존 방식의 개복 수술을 하지 않고 최소한의 부위만을 절개해 그곳을 통하여 배안을 카메라로 들여다보면서 하는 비침습 수술.

② 털실로 짜거나 뜬 양말.

③ 가정에서 쓰임. 또는 그런 물건. ○○○ 소화기.

④ 물 위에 떠서 정처 없이 흘러감.

⑤ 생산의 모든 과정을 여러 부문으로 나누어 여러 사람이 분담해서 일을 완성하는 노동 방식.

⑥ 한 집에서 함께 살면서 밥을 같이 먹는 사람.

⑦ 앞으로 잘될 가능성이 매우 높은 업종을 나타내는 말.

⑩ 사사로운 이익과 개인적인 욕심.

⑪ 집짓 모르는 척 엉뚱하게 시치미를 떼는 태도를 속되게 이르는 말.

○○○을 내밀며 모르는 척했다.

⑫ 어떤 건물이나 시설 따위를 살피고 지키는 일을 맡아서 하는 사람.

⑮ 목적을 이루고자 있는 힘을 다해 부지런히 애를 씀. ○○ 없이 이루어지는 것은 없다.

①			②		③		④
		⑤		⑥		⑦	
⑧						⑨	
			⑩				
	⑪				⑫		
⑬			⑭				⑮
					⑯		

정답 • 174쪽

[가 로]

③ 문명의 혜택을 받지 못해서 문화와 생활 수준이 아직 낮은 사람.

⑤ 여러 식물의 종자를 장기간 저장하여 품종보존을 할 수 있도록 하는 기관. 이를 통해 옛날 품종의 멸종을 방지하고 각 품종이 가진 유용한 유전자를 종자로써 보존하여 연구가들이 활용할 수 있게 한다.

⑥ 물체가 원둘레를 따라서 도는 운동.

⑦ 자신의 행위에 대해 옳고 그름과 선과 악의 판단을 내리는 도덕적 의식. 혹은 마음씨.

⑧ 주어진 임무나 일에 알맞은 사람.

⑩ 어떤 일을 해낼 수 있는 힘이나 기량.

⑪ 나라의 재정으로 부담하는 장학금을 받으면서 공부하는 학생.

⑫ 존속과 멸망을 아울러 이르는 말.

⑮ 질병이나 여러 사정으로 학교에 적을 둔 채 일정 기간 학교를 쉬는 학생.

⑯ 국가가 필요로 하는 경비를 충당하고자 발행하는 국채 증권.

[세 로]

① 회계학의 입문 과목. 부기 원리, 회계 장부, 재무제표의 작성 등을 다루고 있다.

② 과거에는 생존했으나 현재에는 사라진 동물. 일반적으로는 화석 동물은 포함하지 않는다.

③ 타인의 행동을 감시하거나 증거를 잡기 위해서 그 사람 몰래 뒤를 밟음.

④ 괴로움이나 어려움을 참고 견디는 마음.

⑦ 1925년 하이젠베르크의 행렬 역학과 슈뢰딩거의 파동 역학이 통합된 이론으로 입자 및 입자 집단을 다루는 현대 물리학의 기초 이론이다. 입자가 가지는 파동과 입자의 이중성, 측정에서의 불확정 관계 따위를 설명한다.

⑧ 환경에 적응하는 생물만 살아남고 그렇지 못한 것은 도태되어 사라지게 되는 현상.

⑨ 국가에서 지급해 주는 학비로 외국에 나가서 공부함. 또는 그런 유학.

⑬ 이미 망하여 없어진 나라.

⑭ 여러 가지 채소, 버섯, 고기 등의 재료를 볶아서 삶은 당면과
한데 무친 음식.

35
낱말 퍼즐을 채워 보세요

①		②			③		④
		⑤					
⑥						⑦	
				⑧			
	⑨					⑩	
⑪							
				⑫	⑬		⑭
⑮					⑯		

정답 • 174쪽

Q 36

[가 로]

① 합의체가 의사를 진행하고 결정하는 데에 필요로 하는 최소한의 출석 인원.

③ 군사를 지휘하여 전쟁하는 방법을 다룬 책.

⑤ 일정 기간 동안에 책이나 신문, 잡지 따위를 구매하여 읽음.

⑥ 정치를 맡아서 하는 사람. 또는 정치에 관한 학식과 경험이 부한 사람.

⑦ 일의 진행이나 시간 따위를 질질 끌거나 늦춤.

⑧ 전남 장성에 있는 '육군 전투 병과 학교'의 다른 이름. 보병, 포병, 기갑, 공병, 화학 등 5개의 육군 병과 학교로 구성된 대한민국 육군 최대의 군사교육 시설이다.

⑨ 만나거나 헤어질 때 예를 표함. 또는 그런 말이나 행동.

⑩ 사람의 마음에 거짓이나 꾸밈이 없이 바르고 곧음.

⑫ 어떤 특정한 분야를 전문적으로 연구함. 또는 그 분야.

⑬ 사정을 하소연하며 도와주기를 간절히 바람. 재판부에 선처를 ○○했다.

⑭ 격에 맞는 일정한 방식.

⑮ 기독교 용어로 적대자라는 뜻이다. 하나님과 대립하는 악을 인격화
하여 부르는 말.

⑯ 신라 때 화랑을 중심으로 청소년을 모아 교양을 쌓고 군사 훈련을
하며 나라가 필요로 하는 인재를 양성하던 제도.

⑰ 순서를 어기고 남의 앞자리에 슬며시 끼어드는 행위.

[세 로]

① 글의 뜻을 새기면서 자세히 읽음.

② 안구의 동공 바로 뒤에 볼록 렌즈 모양으로 붙어 있는 탄력성 있는
투명체. 거리의 원근에 따라 표면의 곡률을 조절한다. 눈에 들어온
빛을 적당한 각도로 굴절시켜 망막에 물체의 상이 맺히게 된다.

③ 전쟁에서 이기고 지는 일은 매우 흔한 일이라는 뜻으로 한 번의 실패
에 낙심하지 말라는 말이다.

④ 경기도 과천시 막계동에 있는 공원. 1978년에 착공해서 1984년 5월
에 완공하였다. 동물원과 식물원, 미술관, 시민 위락 시설 따위를 갖
추고 있다.

⑤ 기업을 경영하면서 급변하는 환경 변화에 대응하고자 기업의 기존 사업 구조나 조직 구조를 더욱 효율적으로 개선하려는 개혁 작업.

⑦ 땅속에 묻어 두고 그 위를 차량이나 사람이 지나가면 폭발하도록 만든 폭약.

⑨ 닭이나 오리의 알을 인공적으로 부화하는 기계.

⑪ 직접적이고도 치명적인 피해를 주거나 타격을 가하는 일.

⑬ 일반적인 징계 절차를 통해 관직을 빼앗을 수 없거나 검찰 기관에 의한 소추가 사실상 곤란한 대통령·국무 위원·법관 등을 국회에서 의견을 정하여 파면하거나 해임하는 제도.

⑮ 설탕이나 엿 따위를 끓였다가 식혀서 여러 가지 모양으로 굳힌 것. 맛이 달고 잘 녹는 군것질.

	①		②		③		④
⑤			⑥				
		⑦			⑧		
				⑨			
⑩	⑪		⑫			⑬	
	⑭						
⑮				⑯			
		⑰					

정답 • 174쪽

[가 로]

② 갑자기 생긴 일을 그때의 사정에 따라 둘러 맞춰서 처리함.

④ 주기적으로 근무 시간을 바꾸어 일하는 근무 형태.

⑥ 석가모니 탄생일(사월 초파일)을 경축하는 의미로 제작하는 연꽃 모양의 등.

⑦ 사람 수를 줄임.

⑨ 다른 사람의 감정, 의견, 주장 따위에 자기도 그렇다고 느낌. 또는 그렇게 느끼는 기분.

⑩ 상서롭지 못한 일. 교통사고라는 ○○○가 일어났다.

⑫ 건물의 평면 상태를 나타낸 도면. 건물의 각 층, 방, 출입구 따위의 배치를 나타낸다. 설계 도면 중 가장 기본이 되며 건물을 수평 방향으로 잘라서 위에서 내려다본 형태의 그림이 된다.

⑬ 갈조류 다시맛과의 하나. 길이는 2~4미터. 몸이 누르스름한 갈색 또는 검은 갈색이며, 바탕이 두껍고 미끄럽다. 우리나라 사람들이 미역, 김과 함께 식용하는 대표적인 해조류다.

⑭ 수사를 위해서 그물을 쳐 놓은 것처럼 사람을 여러 곳에 분산, 배치해 놓은 조직.

⑮ 늘 사고나 말썽을 일으키는 사람을 낮잡아 부르는 말.

⑯ 햇볕을 가리기 위해서 쓰는 우산 모양의 물건.

[세 로]

① 학생이 학교에 감

② 맡은 일. 또는 맡겨진 일.

③ 해마다 한 나라의 정치, 경제, 사회. 문화 따위의 통계 중에서 중요한
도표나 수치를 실어 이해하기 쉽게 만든 간행물.

⑤ 우리나라의 최고 법원. 상고 사건, 재항고 사건 등 종심을 재판한다.

⑦ 동산이나 부동산 등 각종 재산의 가격을 감정하고 평가할 수 있는
법적 자격을 가진 사람.

⑧ 부처 앞에 경배하는 의식. 또는 그 의식을 행함.

⑨ 공적인 일 및 사적인 일로 겨를이 없을 만큼 바쁨.

⑪ 말을 타고 달리며 산천을 구경한다는 뜻의 사자성어. 자세히 살피지
아니하고 겉만 대충대충 보고 지나감을 비유적으로 이르는 말.

⑭ 다른 사람들을 못 볼 정도로 창피하거나 스스로 떳떳하지 못함.
또는 그런 일.

언제나

나를 지켜보는 건

너뿐이야.

①			②			③	
④	⑤						
						⑥	
⑦			⑧		⑨		
			⑩				⑪
⑫					⑬		
			⑭				
⑮						⑯	

정답 • 175쪽

[가 로]

③ 침입자에게 그 자리에 설 것을 경고하는 사격.

⑤ 기상 주의보의 하나. 급격한 저온 현상으로 중대한 피해가 예상될 때 기상청이 미리 발표한다. 이보다 정도가 심할 때는 한파경보를 발표한다.

⑦ 충청북도 제천시에 있는 저수지. 김제의 벽골제, 밀양의 수산제와 함께 삼한 시대의 삼대 수리 시설로 꼽힌다.

⑧ 한탄하여 한숨을 쉼. 또는 그 한숨.

⑩ 지방의 행정을 지방 주민이 선출한 기관을 통하여 처리하는 제도.

⑫ 다른 방향이나 상태로 바뀌는 시기.

⑭ 영조의 둘째 아들(1735~1762). 이름은 선(愃). 영조와 갈등이 심해 세자에서 폐위가 되어 서인으로 강등되었다. 영조의 명으로 뒤주 속에 갇힌 채로 굶어 죽었다. 훗날 아들 정조가 임금이 되어 '장헌 세자(莊獻世子)'로 시호를 바꾸었다.

⑮ 마음에 품은 사람을 몹시 그리워하여 생기는 마음의 병.

[세 로]

① 일정 시간이 지나가면 폭발하도록 장치한 폭탄.

② 사람이 태어난 연월일시의 네 간지. 또는 이것에 근거해서 사람의
길흉화복을 알아보는 점.

③ 가벼운 걸음으로 빨리 걸음. 또는 그렇게 걷는 걸음.

④ 그리 오래되지 않은 동안에 몰라보게 변하여 아주 다른 세상이 된 것
같은 느낌.

⑥ 현역 군인이 가정 형편으로 인해 더 이상 복무를 할 수 없어서 국방
부의 허가를 받아 예정보다 일찍 제대하는 것.

⑦ 일정한 나이에 이른 국민이 나라의 법에 따라 의무적으로 병역에 종
사해야 하는 제도.

⑨ 학식이 있는 것이 오히려 근심을 일으키게 됨.

⑪ 후세에 길이 남을 뛰어난 업적을 비유적으로 이르는 말. ○○○을
세우다.

⑫ 전쟁에 쓰이던 수레. 고대 전쟁의 기본적인 전투 무기였다. 사냥이
나 제사, 의전 등에도 사용되었다.

⑬ 잠자리에서 일어남. ○○시간이 되었다.

⑭ 장교가 아닌 부사관과 병사를 통틀어 지칭하는 말. 때로는 부사관 아래의 병사만을 가리키기도 한다.

①		②		③			④
⑤			⑥				
					⑦		
⑧	⑨						
	⑩						
							⑪
⑫		⑬		⑭			
		⑮					

정답 · 175쪽

[가 로]

② 진귀한 경치나 구경거리라 할 만한 희한한 광경.

⑤ 이미 결정되어 있는 사실.

⑦ 어떤 일을 남보다 먼저 행사할 수 있는 권리.

⑧ 적의 공격을 막고 지키는 병사.

⑨ 아이를 낳음.

⑩ 특정인에게 일정한 빚을 받아 낼 권리를 가진 사람.

⑫ 당연히 해야 할 일.

⑬ 몸이나 옷 따위에 묻은 때나 얼룩을 씻어 낼 때 쓰는 물건. 보통은 고급 지방산의 알칼리 금속염을 주성분으로 만들어진다. 물에 녹으면 거품이 일어나 미끈미끈하다.

⑮ 기차, 배, 비행기 따위가 떠나고 닿는 시간을 적어 놓은 표.

⑯ 전하가 연속적으로 이동하는 현상. 도체 내부의 전위가 높은 곳에서 낮은 곳으로 흐르며 이는 양전기가 흐르는 방향이다. 단위는 암페어 (A).

⑰ 판소리나 잡가 따위를 아주 잘하는 사람.

[세 로]

① 보잘것없는 신분이었다가 성공하여 이름을 떨침.

② 거짓이 없는 사실.

③ 노인을 공경하여 특별히 잘 대우하라는 사실을 나타낸 표. 65세 이상의 노인들이 대중교통을 무료 또는 할인된 금액으로 이용할 수 있도록 발행해 준다.

④ 여러 사람이나 여러 단체가 한 가지 목적물에 대하여 공동으로 가지는 권리.

⑥ 겉으로는 비슷하나 본질은 완전히 다른 가짜.

⑧ 바다나 강 따위의 물에서 남. 또는 그런 산물. ○○시장에 가다.

⑨ 용무를 위해 원래 근무지에서 다른 곳으로 나감. 이번 ○○은 그리 길지는 않을 예정이다.

⑩ 빚을 갚아야 하는 의무.

⑪ 필요한 비용을 자기가 부담하는 것. 또는 그 비용.

⑫ 생각 밖이나 예상 밖. ○○를 찌르는 공격성을 갖고 있다.

⑭ 신조어로 사이버 공간에서 활동하는 사람을 말한다. ○○○의 반응

이 좋았다.

⑮ 그 시대의 풍조나 경향.

39
낱말 퍼즐을 채워 보세요

정답 • 175쪽

①			②		③		④
⑤		⑥					
					⑦		
	⑧						
⑨				⑩		⑪	
			⑫			⑬	⑭
	⑮						
⑯					⑰		

Q 40

[가 로]

② 수술이나 해부를 하기 위하여 수술칼을 잡음.

⑤ 한 가정의 살림살이를 맡아 꾸려 가는 안주인.

⑥ 장편 소설 〈하얀 전쟁〉으로 등단한 소설가이며 번역가로도 왕성하게 활동하였다. 소설 〈하얀 전쟁〉을 원작으로 하여 동명으로 영화가 제작되기도 하였다.

⑧ 한 사람씩 이름을 부르거나 번호를 외치게 해서 인원의 이상 유무를 확인함.

⑪ 기념으로 주거나 사는 물품.

⑫ 페루의 수도로 1535년에 에스파냐인에 의하여 건설되었다.

⑭ 어린 아이와 같은 순진한 마음.

⑯ 고려시대에 나이 든 부모를 산에 버려 두고 오는 풍습에 관한 문화.

⑱ 어떤 곳에 침범하여 들어가거나 들어온 사람.

⑲ 닭의 무리 가운데에서 한 마리의 학이란 뜻. 많은 사람 가운데서 가장 뛰어난 인물을 가리키는 말.

[세 로]

① 마음과 정신이 편하지 아니하고 조마조마함.

② 민사 소송에서 법이 정한 기간 안에 판결이 집행되지 않으면 판결의 강제 집행을 요구할 권리를 잃게 하는 제도.

③ 어떤 정황을 가정적으로 생각하여 단정함. 혹은 그런 단정.

④ 품삯을 받고서 공장이나 공사장에서 육체적인 노동을 하는 사람.

⑤ 어떤 조직의 동맹이나 연맹에 든 가게나 상점.

⑦ 머리 위의 숫구멍이 있는 자리.

⑨ 새롭고 신기한 것을 좋아하고 모르는 것을 알고 싶어 하는 마음.

⑩ 병이나 상처 따위를 치료하거나 예방하기 위해서 먹거나 바르거나 주사하는 모든 물질.

⑬ 저고리 위에 덧입는 웃옷. 저고리와 비슷하게 생겼으나 깃과 고름이 없어 앞을 여미지 않고 단추를 달아 입는다.

⑭ 혹독한 겨울 추위를 비유적으로 이르는 말.

⑮ 큰 소리를 지르는 일.

⑰ 여러 가지 자질구레한 일.

이대로 끝이야

.

.

.

다음 편에

계속...

①		②			③		④
				⑤			
⑥	⑦			⑧	⑨		⑩
					⑪		
	⑫	⑬		⑭			
⑮		⑯				⑰	
⑱				⑲			

정답 · 175쪽

정답

Q 01

기	판		무	능	력	자
	도			가	진	도
	라	마	단		상	
전			위	조	지	폐
매	도		노			신
특		동	방	견	문	록
허	수	아	비			
	수	용	비	어	천	가

Q 02

개	헌	론		독	불	장	군
	법	상	소				사
소	재			정	보		통
	판	결	유	예			제
기	소			금			구
고				보	호	무	역
만	부	교		험		신	
장		정	공		각	론	

Q 03

필		순		관	세	청
통	리	기	무	아	문	원
		간				경
수		산	보	호	관	찰
장	승	업	따		개	
	승		리		용	도
패	장		장	기	수	
	구	름	흡	수	로	마

Q 04

성	인	반		독	수	공	방
인		문	익	점			목
병	환		명			대	장
	경		투	자	관	리	
정	보	목	표			모	이
	호						이
도		모	닥	불			제
배	관	공		돌	연	변	이

Q 05

1 공		2 회	계	3 감	사	기	4 관
5 화	학	자	응				계
국		정	6 신	진	정	당	국
	7 지	리	호				
	방		8 무	기	9 고		
	법		당		10 유	고	11 집
12 도	원	13 수		재			성
감		14 원	가	계	산		촌

Q 06

1 침	2 대		3 사			4 사	인
	5 소	비	자	보	호	법	
6 감	사		성			7 고	서
		8 붕	어		9 가	시	
10 고	바	우		11 부	부		
진		12 유	언		13 장	신	14 구
감		신		15 시	제		인
16 래	퍼		17 통	각		18 도	난

Q 07

1 파		2 경	3 애	심		4 귀	5 가
6 도	7 형		국				습
		8 설	상	가	9 상	10 수	기
	지		11 대	12 조	영		
13 방	공	훈	련		가		
정			14 소	비	15 자		
16 식	17 물	성	지	방	18 매	19 수	
	성		관				은

Q 08

1 고	시	생		2 과	대	망	3 상
시				반			상
4 원	5 수		6 양	수	7 기		초
	8 포	9 장	지		10 하	세	월
		의			학		
	11 백	사	12 장			13 리	듬
14 이	치		15 마	카	로	니	
	미		당			16 지	인

정답

Q09

¹사	²상	누	³각		⁴공	치	⁵사
	석		⁶선	악	과		문
⁷삼		⁸의	미				난
⁹장	학	금			¹⁰주	기	적
법		¹¹부	¹²화	뇌	동		
사			룡			¹³이	
	¹⁴낙		¹⁵점	유	¹⁶이	탈	물
¹⁷세	태	인	정		과		질

Q10

¹유	유	상	종		²정	구	³지
산					사		식
소		⁴시	시	각	각		산
운		누			형		업
⁵동	⁶상	이	몽			⁷문	센
	담				⁸반		터
⁹청	소	¹⁰기		¹¹시	추	¹²선	
	¹³백	지	장		¹⁴비	녀	

Q11

¹소		²무	신		³돌	⁴팔	매
⁵개	화	기		⁶구			만
장		비		⁷천	문		대
	⁸자	료					장
	기		⁹무	관	중	경	¹⁰기
	¹¹소	방	선				념
¹²만	개		전		¹³유		일
선		¹⁴신	신	당	부		

Q12

¹조	성	²조	련	³사		⁴상
삼		⁵국	정	⁶교	육	감
⁷모	국	어		계		청
사		⁸사	유	⁹서	¹⁰군	자
	¹¹어	전		¹²방	화	수
¹³활	용			님		산
¹⁴화	승	¹⁵총		¹⁶작	업	¹⁷장
사		¹⁸무	수	리		가

Q¹³

1실	화		2역		3방	부	4제
물		5시	기	상	조		도
크		모			6오	기	
7기	모	노		8모	서	리	
		세		델		9무	공
10나	이	키		하		중	
석		조		우		11약	
주		약		12스	냅	사	진

Q¹⁴

1자	유	2투			3건	축	4가
만		자		5복	면		감
심		6신	고	식		7고	산
		8의	탁		9부	교	수
10상	식				기		부
		11구	도	12심		13지	14압
15원	조			도		16사	박
리			17계	획	범	죄	

Q¹⁵

	1외	환	차	2손		3피	리
4대	길			나		라	
식		5초		6팔	방	미	7인
8가		청	음				당
		9속	기	10사		11포	수
12보		13청	기	14무	인	도	
		일		라		15청	16과
17허		점	투	성	이		묵

Q¹⁶

	1망	2사		3적	4반	하	장
5부		면			성		
6부	평	초		7신	문		8고
클		9가	자	미			국
리				양			10탄
11닉	12네	임		13요	금	폭	탄
	오		14수				대
15콘	플	레	이	크			로

169

정답

Q17

1의	2불	로	3초		4안	주
5인	6장	공	7개	8수	대	
	곡			나		
9대	사	10관	11파	라	12오	
화		13사	14나	이	15진	16도
	17환		당	18초		돌
19산	전	수	전	20상	하	이
적		21쟁	의	권		표

Q18

1송	2상	영		3주	권	4국
5구	단	주		6개	인	방
영		7인	화		8주	부
9신	10공			11사	회	인
통		12지	상		13의	문
14분	화	구			15무	식
16마	모	17과	도	기		
구		학		18명	인	

Q19

1객	2단	계			3소	4천
5주	관	식		6복	비	자
		7경	사	지	8한	문
9연	기			10부	주	의
11전	무	12자	동			학
도			업	13제	과	14점
15유	신	론	자	산		화
망	16득	점	제	조	17기	기

Q20

1강	2수	량	3기	착	4지	
	송		우		5참	조
6관	기	7기	제			8사
포	9유	도		10서	11점	
12지	성	인			13묘	사
교	14원	15정			16외	화
	17고			18미	인	계
19박	장	대	소	20인	문	계

Q21

1고	양	2이		3식	민	4지
글		5유	목	민	6탄	7핵
	8약	식		사		잠
9영	혼		10군	관	11기	수
	12반	창	고		13재	함
14부	지		15구	명	정	
동			마	16보	행	17기
18산	사	태			증	함

Q22

1감	점	2포	상	금	제	3도
가		4행	로			중
5상	대	방		6위	증	하
각		7불	사	조	8대	차
	9무	명		10문	학	상
	위			서		포
11자	유	12형		13사	진	14전
15우	연		사			향

Q23

1우		2침	묵	의	나	3선
4범	죄	감	식			거
지		5분	양	6가		
7대	8우	지	가			9인
10표	11현		12호	적		수
13말	장		14수	호		인
주	15조	리	사		16설	계
17변	호	사	18관	리	인	

Q24

1우		2해	상	3무	역	
유		4화	도	더		
5부	재	중	6무	위	도	7식
단		8지	화	자		곤
	9신	병		본	10유	증
11타	진			12성	에	
	13대	기	만	14성		프
15내	사		16사	분	오	열

정답

Q²⁵

¹경		²수	강	신	청	³서
⁴무	전	기				류
관		신		⁵비	닐	봉	지
	⁶간	호		밀		투
⁷신	선			경		⁸외
	도		⁹경	찰	¹⁰서	계
¹¹종	로		유		¹²커	리	어
강			지		스

Q²⁶

¹구	구	²단		³학		⁴장
상		⁵무	리	수		대
	⁶고	지		⁷고	도	비	⁸만
	성		⁹인	대		장
¹⁰예	방		사		¹¹농	사	일
	가		¹²관	제	사	치
		¹³사	리		직
¹⁴장	난	감			¹⁵설	명	회

Q²⁷

		¹사	리	분	²별	
³성	가	대		⁴자	본	가
		주		⁵폭	리	
	⁶신	의	주		운		⁷무
⁸정	경			⁹세	탁	소
	¹⁰과	유	불	¹¹급		불
¹²시	민			¹³정	당	¹⁴방	위
계		¹⁵자	전	거		어

Q²⁸

¹성	동	²격	서		³회	전	⁴문
과		납		⁵한	기		지
임		⁶고	도	계		⁷사	방
금				상		
⁸제	⁹조	사		¹⁰황	금	어	¹¹장
	달		¹²겉			물
¹³이	사		치		¹⁴미	숙	아
	¹⁵업	그	레	이	드	비

Q29

1주	단		2불	사	3신		4강
기			경		5세	무	사
6도	화	7지			타		
문		지		8고	령	사	9회
		10부	사	관			전
	11대	진		12대	학	신	문
13승	자		14조	작			관
	15보	리	수		16벌	초	객

Q30

1복	2어		3명	사	4수		5양
	6선	7무	당		8교	9수	형
		협				평	
	10마	지	11기		12조	선	13소
14상	수		15체	포	조		포
평		16고			할		
17통	고	구	마		18인	19건	비
보		려				조	

Q31

	1나	찰	2국		3조	병	4옥
5나	이		6장	7도	리		내
	롱			미			소
8귀	환		9하	노	10이		화
	11자	12위	책		13자	14서	전
		인				귀	
	15수	전	16노		17경	포	18대
19백	구		20포	악	질		인

Q32

1맹	2자		3입	4도		5응	6답
	7정	8선		슨			정
9인		10전	담	트	11레	이	너
12면	사	포		미			
수		13고	착		제		14카
15심	16경				17라	디	오
	18마	분	19지		블		디
20개	장		21갑	옷		22착	오

173

Q33

	1보	합	2세			3착	취
4연	배		5대	표	번	호	
말		6일	주			7갑	주
8정	보	망		9파		사	
산		10타	협	안			11기
	12후	진		13대	관	람	차
14누	계		15간	소			여
	16자	기	장		17역	주	행

Q34

1복	숭	아	2털		3가	격	4표
강			양		정		류
경		5분	말	6식	용	7유	
8수	공	업		구		9망	조
술			10사				업
	11오	소	리		12경	종	
13관	리		14사	례	비		15노
	발		욕		16원	자	력

Q35

	1회		2멸		3미	개	4인
	계		5종	자	은	행	내
	6원	운	동			7양	심
	리		물		8적	임	자
		9국		자		10역	량
11국	비	장	학	생		학	
	유		12존	13망			14잡
15휴	학	생			16국	고	채

Q36

	1정	족	2수		3병	법	4서
5구	독		6정	치	가		울
조		7지	체		8상	무	대
조		뢰		9인	사		공
10정	11직		12전	공		13탄	원
	14격	식		부		핵	
15사	탄			16화	랑	제	도
탕		17새	치	기		도	

Q 37

1등				2임	시	변	3통
4교	5대	근	무				계
	법				6연	등	
7감	원	8예		9공	감		
정		10불	상	사		11주	
12평	면	도		13다	시	마	
가		14수	사	망		간	
15사	고	뭉	치		16양	산	

Q 38

1시		2사		3경	고	사	4격
5한	파	주	6의	보			세
폭			가		7의	림	지
8탄	9식		사		무		감
	10자	치	제		병		
	우		대		제		11금
12전	환	13기		14사	도	세	자
차		15상	사	병			탑

Q 39

1굴			2진	풍	3경		4공
5기	정	6사	실		로		동
		이			7우	선	권
	8수	비	병		대		리
9출	산			10채	권	11자	
장			12의	무		13비	14누
	15시	간	표				리
16전	류				17소	리	꾼

Q 40

1심		2집	도		3상		4인
신		행		5가	정	주	부
불		시		맹			
6안	7정	효		8점	9호		10약
	수				11기	념	품
	12리	13마		14동	심		
15외		16고	려	장		17잡	
18침	입	자		19군	계	일	학

지식이 풍성해지는

가로세로 낱말퍼즐 8×8

초판 1쇄 인쇄 2025년 8월 8일
초판 1쇄 발행 2025년 8월 14일

지은이 | 짱아찌
펴낸곳 | 도서출판 제이케이
펴낸이 | 박광규
기획·마케팅 | 안병휘
편집·진행 | 이혜진
디자인 | 심서령

출판등록 | 제2023-000044호
주소 | 인천광역시 서구 검단로446, 108동 502호
전화 | 031-941-8363   Fax | 031-941-8364
e-mail | jk-books@daum.net
발행처 | 도서출판 제이케이

ⓒ2025 짱아찌
ISBN 979-11-966280-2-4